EL LIBRO DE LAS BANDERAS

Texto de Kevin Jacobs • Ilustraciones de Ben Javens

ÍNDICE

INTRODUCCIÓN

Adéntrate en el fascinante mundo de las banderas, cuyos colores, diseños y símbolos unen naciones, inspiran orgullo y contienen relatos muy interesantes de identidad, historia y cultura.

Las banderas se utilizan con muchos fines diferentes. Hay banderas navales, banderas diplomáticas, banderas que se usan para señalizar y banderas que se usan para identificar comunidades y grupos de personas. Las banderas pueden significar todo tipo de cosas, pero lo que todas tienen en común es que inspiran respeto.

¿Sabes cuáles son estas banderas?

En este libro nos centraremos en las banderas nacionales, es decir, en las banderas de todos los países del mundo. Descubriremos las historias que estas nos narran sobre cómo los países definen su pasado e imaginan su futuro. Veremos el icónico sol naciente en la bandera Hinomaru de Japón, aprenderemos cuál es la combinación de banderas que componen la Union Jack y analizaremos los diseños panafricanos creados por Marcus Garvey.

Las banderas están agrupadas primero por continente y luego por tema. Por ejemplo, aprenderemos cosas sobre las banderas tribanda de Europa, o sobre las banderas con media luna de Asia. Esto nos ayudará a comprender cómo se relacionan los países entre sí y cómo se interconectan sus políticas e historias. Aquí encontrarás todas las banderas nacionales, pero no tenemos espacio suficiente para incluir textos extensos sobre cada una de ellas.

Mientras lees, fíjate en las banderas más atípicas.. ¿Qué dos países tienen banderas cuadradas? ¿Qué país tiene una bandera con más de cuatro lados? ¿Cuál es la única bandera nacional que no incluye los colores rojo, blanco ni azul?

Observa las guardas (las páginas del libro pegadas al interior de la portada y la contraportada). ¿Cuántas banderas puedes identificar y cuál es tu favorita?

Conocer las banderas es una manera excelente de aprender sobre el mundo en el que vivimos y el entramado histórico que nos ha traído hasta donde estamos hoy. Cuando termines de leer este libro, puedes diseñar una bandera que refleje tu personalidad y tus ambiciones para el futuro.

BANDERAS DEL MUNDO

La bandera de Lituania

La bandera de Islandia

La bandera de los Estados Unidos de América

¿Pero qué es en realidad una bandera? Es solo un trozo de tela atado a un asta.

¡No! Es mucho más que eso. Una bandera es un SÍMBOLO.

Cada país del mundo tiene su propia bandera, que representa su cultura y su historia. La gente muestra a la bandera el mismo respeto que al país o grupo que representa.

Un país es un territorio que tiene un área geográfica definida y limitada por fronteras, con un sistema judicial y un gobierno estatales, cuya población mayoritaria tiene una historia, cultura y lengua o lenguas comunes. En los países puede haber varias provincias, regiones o autonomías.

El país más pequeño del mundo es la Ciudad del Vaticano, donde vive el Papa.

El país más grande del mundo es Rusia, con una superficie de 17.098.242 km².

La bandera de la Ciudad del Vaticano

La bandera de Rusia

La mayoría de las personas tienen una nacionalidad, es decir, un país al que pertenecen. Esto no significa que compartan totalmente las mismas creencias que las demás personas de su país, pero sí comparten la misma historia, una cultura común y deben cumplir las mismas leyes. Una bandera simboliza esa identidad compartida.

Antes de que existieran los países tal como hoy los conocemos, las personas vivían en comunidades y tribus. Estas comunidades solían luchar entre sí y, en batalla, era importante saber de qué lado estaban los soldados. Ya en el año 1.000 a. C., las tribus de China e India entraban en batalla portando estandartes decorados con símbolos con distintos significados.

Esta tradición de usar estandartes de guerra se prolongó a lo largo de los siglos. A los romanos les gustaban especialmente los estandartes, que sujetaban verticalmente a sus lanzas.

En latín, este estandarte se llamaba *vexillum*. Hoy día, el estudio de las banderas se conoce como *vexilología*.

Durante los siglos XII y XIII, los estandartes de guerra eran comunes en toda Europa y, a menudo, estaban adornados con los escudos de armas de las familias nobles.

En el siglo XVII, los países europeos tenían grandes flotas que navegaban alrededor del mundo comerciando con tierras lejanas. Las banderas ondeaban en los mástiles para facilitar la identificación de los barcos. Sus diseños se simplificaron para que pudieran reconocerse a distancia. A menudo, tomaban sus colores de los escudos de armas reales.

La bandera de Polonia

El escudo de armas de Polonia

El escudo de armas de Polonia es un águila blanca sobre un fondo rojo. La bandera polaca tiene dos franjas horizontales: una blanca y otra roja.

Durante el siglo XIX, las banderas fueron reconocidas como símbolos nacionales. A mediados del siglo XX, todos los países del mundo ya habían elegido una bandera nacional.

Más del 80% de las banderas nacionales actuales fueron diseñadas a partir del año 1900.

SÍMBOLOS

Los colores y diseños de las banderas nacionales no se seleccionan al azar. Se eligen para reflejar la historia, la cultura o la religión de un país.

Estos son los símbolos más comunes:

EL SOL

El círculo del sol simboliza la unidad y la energía. También puede simbolizar un nuevo comienzo.

La bandera de Japón

La bandera de Macedonia del Norte

LA LUNA

La media luna es un símbolo del islam. Se utilizó por primera vez en la bandera del Imperio otomano, y ahora se utiliza en las banderas de muchas naciones islámicas.

La bandera de Turquía

La bandera de Azerbaiyán

LA CRUZ

La cruz simboliza el cristianismo. Se utilizó por primera vez en la bandera danesa y fue adoptada por muchos otros países europeos.

La bandera de Dinamarca

La bandera de Suiza

EL TRIÁNGULO

El triángulo simboliza el progreso y el avance.
También puede ser un símbolo de la fe cristiana.

La bandera de Cuba

La bandera de Antigua y Barbuda

LAS ESTRELLAS

Las estrellas pueden representar muchas cosas. En la bandera estadounidense,
las estrellas representan estados. En las banderas de China, Corea del Norte
y Vietnam, las estrellas de cinco puntas simbolizan al Partido Comunista.
En las banderas de Australia y Brasil, las estrellas representan la Cruz del Sur,
una constelación visible solo desde el hemisferio sur.

La bandera de los Estados Unidos de América

La bandera de China

La bandera de Australia

La estrella es
el símbolo más común
en las banderas nacionales.
Más de 50 países utilizan
al menos una estrella
en su bandera.

11

COLORES

Los colores de las banderas pueden representar muchas cosas diferentes. Cada país elige el significado de los colores que aparecen en su bandera.

El **azul**, a menudo, representa el mar, el cielo, la tranquilidad o la lealtad.

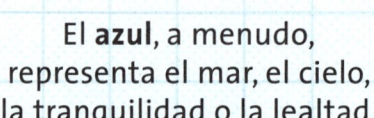

El **verde** suele simbolizar la naturaleza. También es popular en los países islámicos, ya que se dice que el profeta Mahoma vestía un manto verde.

El **negro** puede significar sacrificio, fuerza, determinación u orgullo racial.

El **amarillo** puede significar trigo o maíz, o simbolizar el sol. En las culturas budistas, el amarillo es el color de la humildad.

El color **blanco** suele significar paz, luz o pureza.

El **rojo** puede significar sangre, pero también simboliza valentía y revolución. En China, el rojo es el color de la buena suerte.

El rojo es el color más común en las banderas: se encuentra en el 75% de las banderas del mundo. La combinación de colores más utilizada es la de rojo, blanco y azul.

La mayoría de los países tienen entre dos y cuatro colores en sus banderas. Belice tiene la bandera con más colores del mundo: ¡doce!

La bandera de Belice

DIAGRAMA DE UNA BANDERA

PARTE SUPERIOR DEL ASTA

El cuadrante superior más cercano al asta de la bandera.

PARTE SUPERIOR DEL BATIENTE

El cuadrante superior más alejado del asta de la bandera.

PARTE INFERIOR DEL ASTA

El cuadrante inferior más cercano al asta de la bandera.

PARTE INFERIOR DEL BATIENTE

El cuadrante inferior más alejado del asta de la bandera.

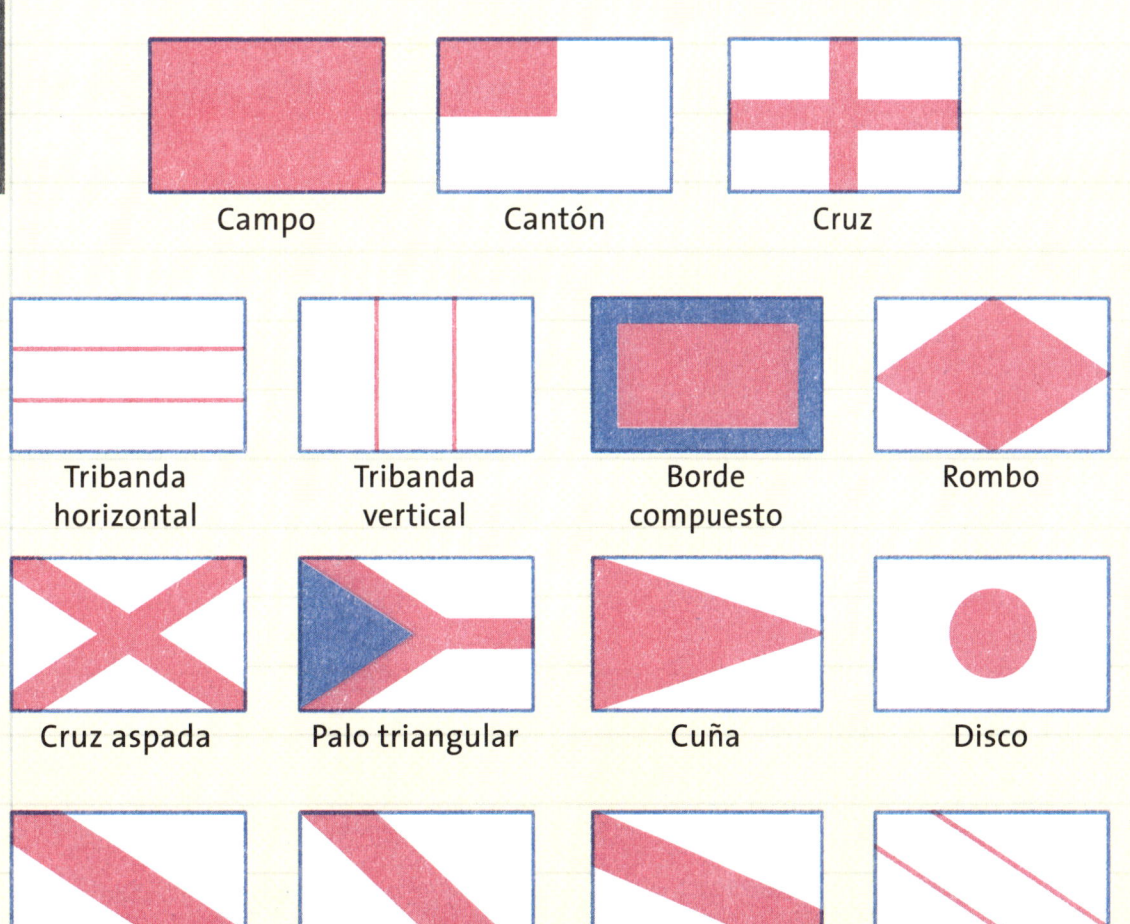

Campo

Cantón

Cruz

Tribanda horizontal

Tribanda vertical

Borde compuesto

Rombo

Cruz aspada

Palo triangular

Cuña

Disco

Banda

Banda elevada

Banda reducida

Banda fileteada

BANDERAS DE EUROPA

23

44   17

34

41

16

12   25

22   27

38   6

35   36

5   2   39   46

28

13

18   45   26   4   31

21   40

14   11

24

42   7   43   8

32   33

3   29

37   15   10   1   20

9

30

¿Por qué empezamos con las banderas de Europa?

Porque el uso de banderas nacionales comenzó en Europa. Entre los siglos XV y XIX, las naciones europeas se expandieron por todo el mundo. Necesitaban símbolos claros para los barcos que transportaban mercancías desde sus virreinatos y colonias.

1. Albania
2. Alemania
3. Andorra
4. Austria
5. Bélgica
6. Bielorrusia
7. Bosnia y Herzegovina
8. Bulgaria
9. Chipre
10. Ciudad del Vaticano
11. Croacia
12. Dinamarca
13. Eslovaquia
14. Eslovenia
15. España

16. Estonia
17. Finlandia
18. Francia
19. Georgia
20. Grecia
21. Hungría
22. Irlanda
23. Islandia
24. Italia
25. Letonia
26. Liechtenstein
27. Lituania
28. Luxemburgo
29. Macedonia del Norte
30. Malta
31. Moldavia.

32. Mónaco
33. Montenegro
34. Noruega
35. Países Bajos
36. Polonia
37. Portugal
38. Reino Unido
39. República Checa
40. Rumanía
41. Rusia
42. San Marino
43. Serbia
44. Suecia
45. Suiza
46. Ucrania

LA BANDERA DE DINAMARCA (EL DANNEBROG)

La bandera danesa es una de las más antiguas del mundo. Su diseño es muy similar al de la bandera que portaban los cruzados y se utiliza desde mediados del siglo XIV.

Es una cruz blanca sobre fondo rojo. La cruz se extiende hasta los bordes de la bandera y su parte vertical está más cerca del asta. Esta cruz se conoce como «cruz nórdica».

LA BANDERA DE LA UNIÓN DE KALMAR

En 1397, Dinamarca, Suecia (que incluía la mayor parte de la actual Finlandia) y Noruega se unieron bajo un solo rey. A esta unión se la denominó la Unión de Kalmar. La bandera de esta unión tenía un diseño similar al de la bandera Dannebrog, pero la cruz era roja sobre fondo amarillo.

LA CRUZ NÓRDICA

La bandera de Suecia

La bandera sueca
se adoptó en 1524.

La Unión de Kalmar se desintegró,
pero, con el tiempo, todos los países
escandinavos adoptaron banderas
con un diseño similar.

La bandera de Finlandia

La bandera noruega,
adoptada en 1821, fue la primera
en añadir un tercer color.

La bandera de Noruega

La bandera de Islandia

Groenlandia
es la excepción nórdica.
En 1985 eligieron utilizar
el diseño de «sol y nieve»
en lugar de una cruz
nórdica verde y blanca.

La bandera de Groenlandia

OTRAS CRUCES

LA BANDERA DE GEORGIA

Muchos países europeos utilizan otros tipos de cruces en sus banderas para representar su fe cristiana.

La bandera georgiana se introdujo en 2004, tras la «Revolución de las Rosas», un cambio pacífico de poder de un presidente prorruso a uno europeísta.

La bandera se inspiró en la cruz de Jerusalén, símbolo de las cruzadas, en las que participaron caballeros georgianos.

La Cruz de Jerusalén

LA BANDERA DE SUIZA

La Cruz de Bolnisi

La Cruz de Bolnisi es un símbolo procedente de una antigua iglesia del siglo V. Es el emblema nacional de Georgia.

La bandera suiza presenta una cruz central con brazos de igual longitud (conocida como cruz griega). Es una de las dos únicas banderas cuadradas del mundo; la otra es la de la Ciudad del Vaticano. El formato cuadrado es tradicional en las banderas militares.

LA BANDERA DE MALTA

La bandera maltesa
es bicolor, roja y blanca,
con una cruz en el cantón,
la Cruz de Jorge.
Este es el nombre de la
medalla otorgada a Malta
en 1942 por la valentía
de los malteses durante
la Segunda Guerra Mundial.

LA BANDERA DE GRECIA

Cuando Grecia se independizó
en 1822, se diseñaron dos versiones
de la bandera nacional. Una consistía
en una cruz blanca sobre un fondo
azul pálido, para uso terrestre,
y la otra era una bandera rayada
con una cruz en el cantón, para uso
marítimo. La bandera rayada
se hizo tan popular que se convirtió
en la bandera nacional en 1978.

La cruz simboliza
la fe ortodoxa griega.

Se dice que las nueve franjas
representan las nueve sílabas
de la frase *Elefthería i thánatos*,
que significa «Libertad o muerte»,
el grito de batalla griego contra
el Imperio otomano.

LA BANDERA DEL REINO UNIDO (UNION JACK)

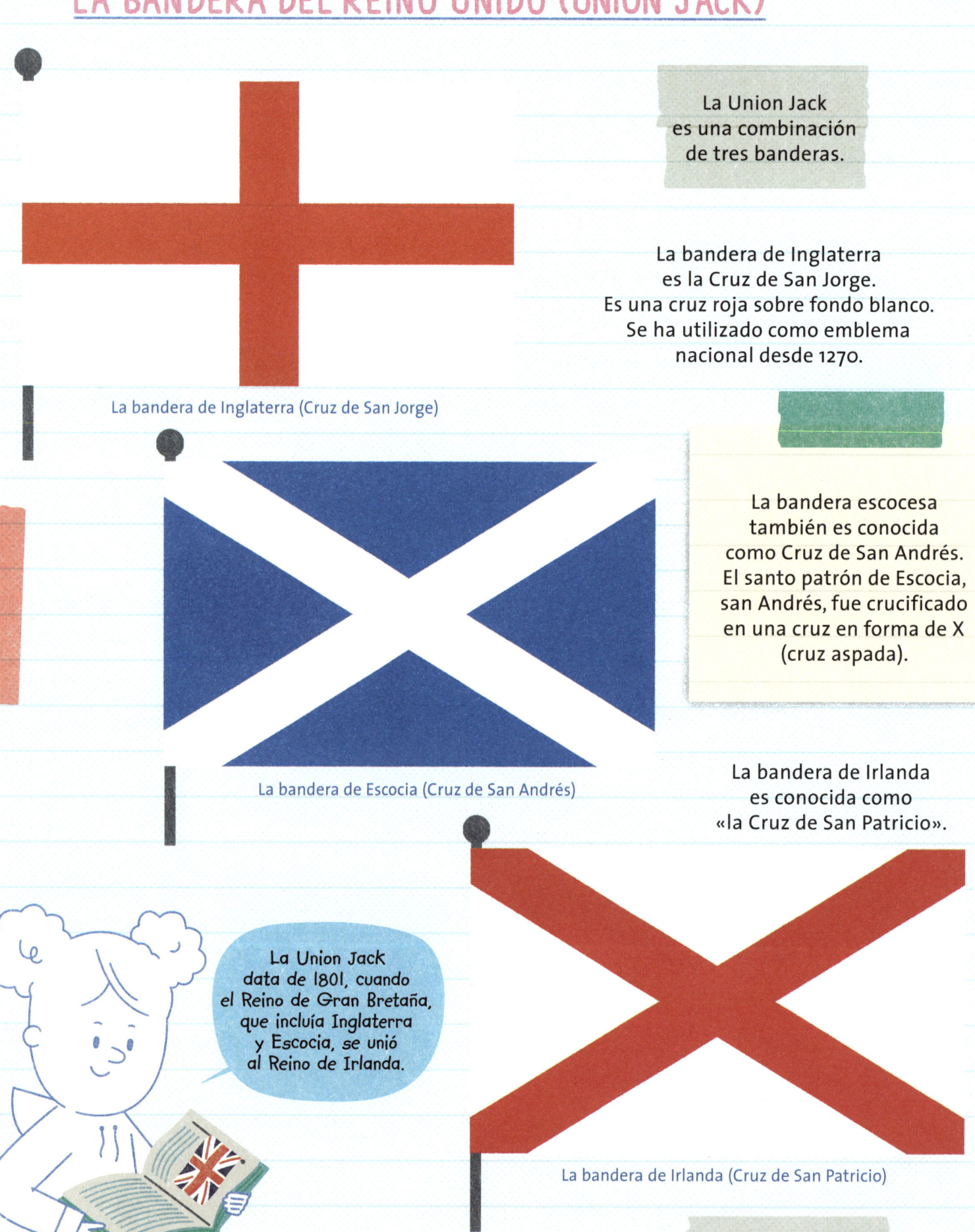

La Union Jack es una combinación de tres banderas.

La bandera de Inglaterra es la Cruz de San Jorge. Es una cruz roja sobre fondo blanco. Se ha utilizado como emblema nacional desde 1270.

La bandera de Inglaterra (Cruz de San Jorge)

La bandera escocesa también es conocida como Cruz de San Andrés. El santo patrón de Escocia, san Andrés, fue crucificado en una cruz en forma de X (cruz aspada).

La bandera de Escocia (Cruz de San Andrés)

La bandera de Irlanda es conocida como «la Cruz de San Patricio».

La Union Jack data de 1801, cuando el Reino de Gran Bretaña, que incluía Inglaterra y Escocia, se unió al Reino de Irlanda.

La bandera de Irlanda (Cruz de San Patricio)

La Union Jack

Fíjate bien: la Union Jack no es simétrica. Las líneas blancas por encima
y por debajo de las diagonales rojas tienen diferente anchura.
La Cruz de San Andrés tiene una posición más alta en el lado del asta
y la Cruz de San Patricio tiene una posición más alta
en el lado del batiente.

Gales no está representado en la Union Jack,
porque en la época en que se creó la bandera,
Gales formaba parte del Reino de Inglaterra.

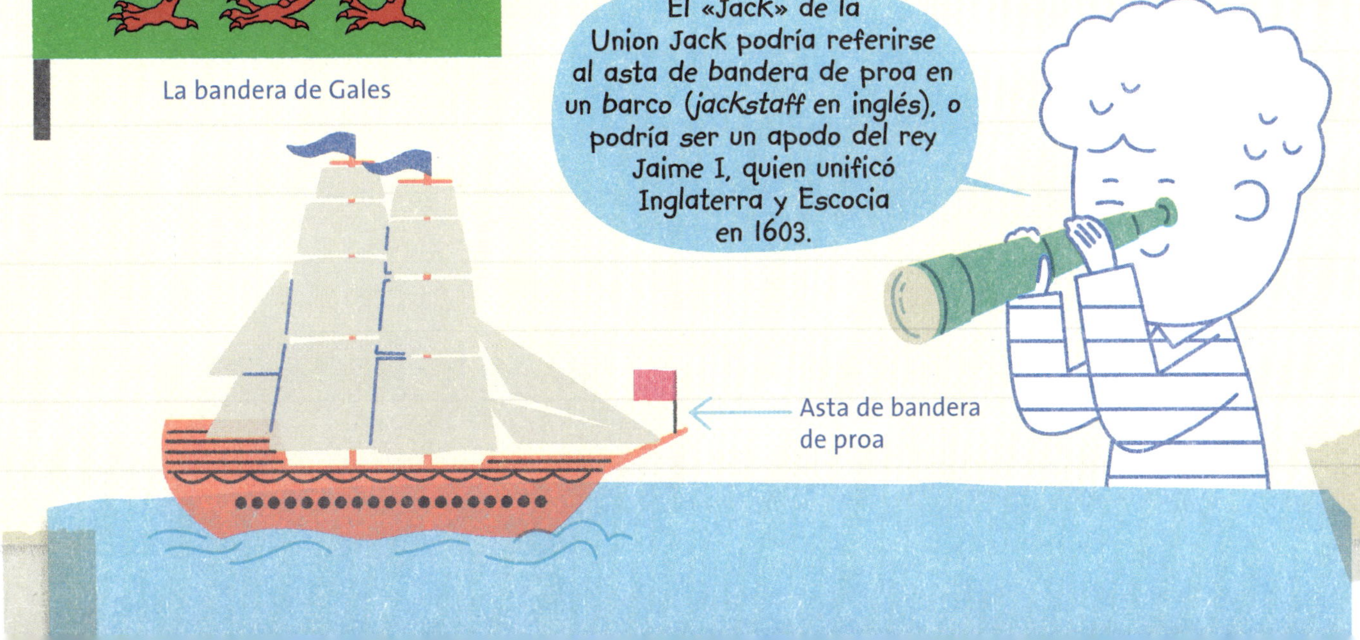

La bandera de Gales

El «Jack» de la
Union Jack podría referirse
al asta de bandera de proa en
un barco (jackstaff en inglés), o
podría ser un apodo del rey
Jaime I, quien unificó
Inglaterra y Escocia
en 1603.

Asta de bandera
de proa

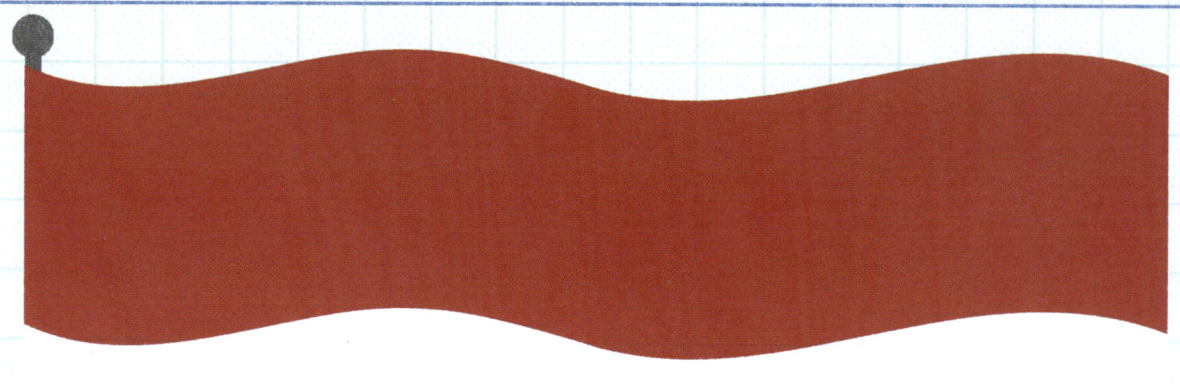

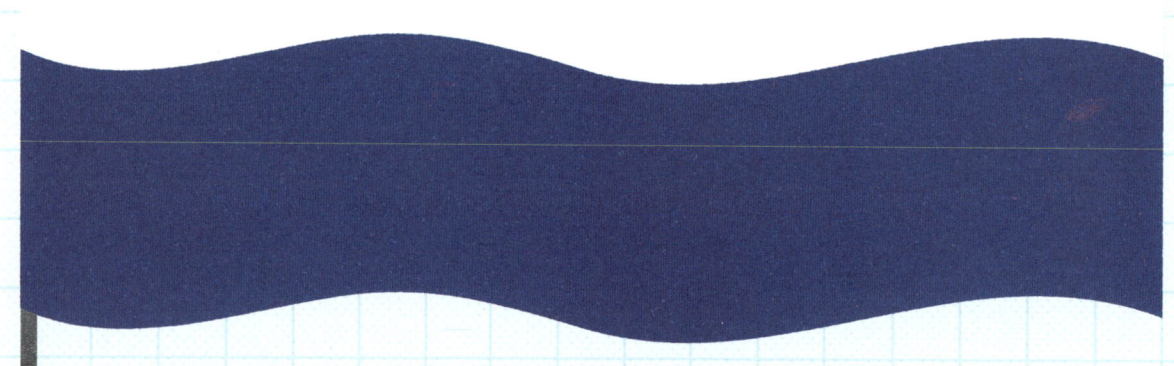

La bandera de los Países Bajos fue la primera bandera tricolor del mundo. Fue introducida en 1572 por Guillermo de Orange, quien lideró las revueltas para independizar a los Países Bajos del Imperio español. Tomó los colores naranja, blanco y azul de los uniformes que vestían sus soldados. La bandera pasó a ser conocida como «la Bandera del Príncipe».

Alrededor de 1630, el naranja fue reemplazado por el rojo para indicar que los Países Bajos eran una república y no una monarquía de la Casa de Orange.

El rojo simboliza valentía y fuerza.

El blanco representa paz y honestidad.

El azul representa verdad, lealtad y justicia.

Esta bandera se convirtió en un símbolo de revolución y republicanismo e inspiró muchas otras banderas tricolores a lo largo de la historia.

LA BANDERA DE FRANCIA

En el siglo XVIII, Francia estaba muy dividida. La mayoría de la gente vivía en la pobreza, mientras que la nobleza disfrutaba de una vida de lujo. El 14 de julio de 1789, una gran multitud irrumpió en la prisión llamada Bastilla, liberando a presos políticos e iniciando una revolución que finalmente derrocó al rey y convirtió a Francia en una república.

> Los rebeldes que tomaron la Bastilla llevaban una insignia llamada *escarapela* con los colores rojo, blanco y azul. El rojo y el azul eran los colores de París. El rojo se identifica con san Dionisio, y el azul con san Martín, los dos santos patronos de la ciudad.

La bandera francesa se introdujo en 1790. Utilizaba los mismos colores que la escarapela revolucionaria en una tribanda vertical. Se inspiró en la bandera de los Países Bajos y fue elegida porque gustó su diseño sencillo, que contrastaba con los complejos estandartes reales de la monarquía.

Se dice que los tres colores de la bandera francesa representan las tres clases sociales: la burguesía, el clero y la nobleza. También se dice que representan los tres elementos del lema revolucionario: «*Liberté, Egalité, Fraternité*» (Libertad, Igualdad, Fraternidad).

TRIBANDAS
TRIBANDAS VERTICALES

Las banderas de los Países Bajos y Francia inspiraron las de países de todo el mundo, especialmente las de aquellos que querían demostrar que también tenían valores revolucionarios y republicanos. De hecho, más del 40% de las banderas del mundo utilizan una tribanda en su diseño.

Los informes sobre la Revolución Francesa en Italia describían las escarapelas de los rebeldes como rojas, blancas y verdes. Cuando se descubrió el error, los revolucionarios italianos decidieron conservar los colores como propios.

La bandera de Italia

La bandera de Bélgica

La bandera de Moldavia

La bandera de Rumanía

En el pasado, Moldavia formaba parte de Rumanía, y sus banderas siguen siendo muy similares. La bandera moldava presenta un águila real que sostiene una cruz cristiana ortodoxa en su pico.

Los colores de la bandera tribanda irlandesa representan a las dos principales comunidades del país: el verde para los católicos y el naranja para los protestantes. El blanco simboliza la paz entre ellos.

La bandera de Irlanda

¡Hasta Marte tiene una bandera tribanda! Los colores simbolizan la ambición humana de transformar Marte de un planeta rojo a uno verde y azul.

La bandera de Marte

TRIBANDAS HORIZONTALES

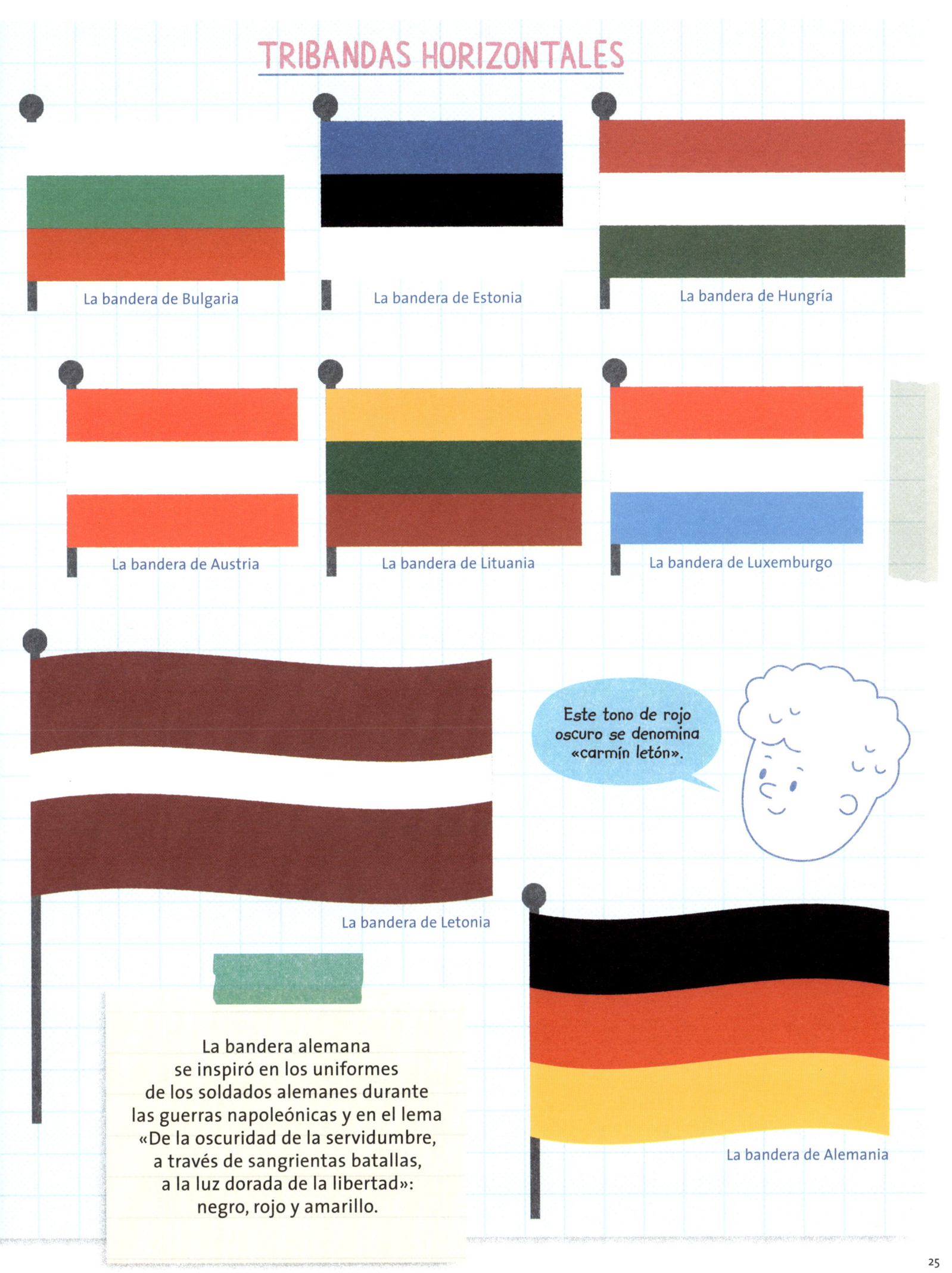

La bandera de Bulgaria

La bandera de Estonia

La bandera de Hungría

La bandera de Austria

La bandera de Lituania

La bandera de Luxemburgo

La bandera de Letonia

Este tono de rojo oscuro se denomina «carmín letón».

La bandera alemana se inspiró en los uniformes de los soldados alemanes durante las guerras napoleónicas y en el lema «De la oscuridad de la servidumbre, a través de sangrientas batallas, a la luz dorada de la libertad»: negro, rojo y amarillo.

La bandera de Alemania

LA BANDERA DE RUSIA

La bandera de la Unión Soviética fue reemplazada en 1991 por una versión de la bandera rusa que se utilizaba antes de la Revolución Comunista.

El martillo representaba a los trabajadores industriales y la hoz a los trabajadores agrícolas. Todos ellos estaban unidos bajo la estrella del comunismo.

La bandera de la Unión Soviética

La bandera actual se utiliza desde el siglo XVII, desde el reinado del zar Alejo I.

BANDERAS PANESLAVAS

Los eslavos son el grupo étnico más numeroso de Europa. Hablan lenguas eslavas y viven principalmente en Europa Central y Oriental y en los Balcanes. Durante muchos siglos, gran parte de su territorio estuvo gobernado por potencias extranjeras, como el Imperio austrohúngaro y el Imperio otomano.

La bandera de Croacia

La bandera de Serbia

La bandera de Eslovaquia

La bandera de Eslovenia

En 1848, se celebró una conferencia para unir a los pueblos eslavos y lograr que se reconociera su identidad. Los colores de las naciones eslavas se basaron en la bandera de Rusia: rojo, blanco y azul. Cuando, en el siglo XX, las naciones eslavas lograron la independencia, muchas adoptaron banderas con tribandas de esos tres colores.

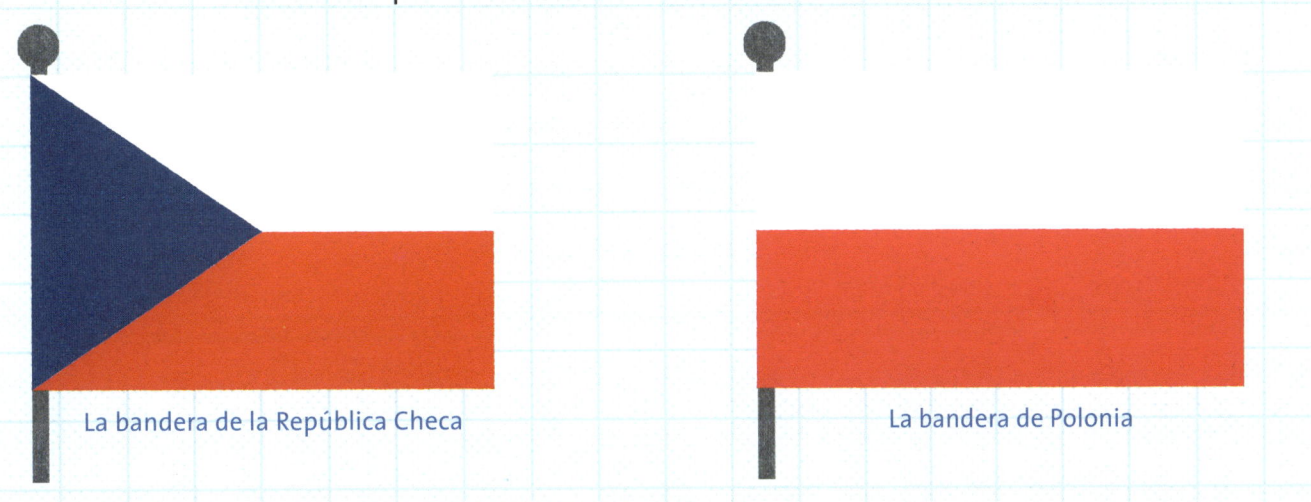

La bandera de la República Checa

La bandera de Polonia

La bandera checa es la única bandera paneslava que no es tribanda. En 1918 era blanca y roja, casi idéntica a la bandera de Polonia. En 1920 se añadió un triángulo azul en el lado del asta.

La bandera de Polonia no pertenece a la familia paneslava. Los colores rojo y blanco se utilizaron en los estandartes reales desde la Edad Media y se adoptaron como colores nacionales en 1831.

ESCUDOS DE ARMAS

En la Europa del siglo XII, los miembros de la nobleza comenzaron a usar emblemas complejos para representar a sus familias. Estos emblemas, conocidos como escudos de armas, solían representar castillos, coronas y animales poderosos como leones, águilas y unicornios.

La bandera de Montenegro

La mayoría de las banderas nacionales europeas simplificaron estos escudos de armas a sencillas combinaciones de colores reconocibles a distancia. Sin embargo, algunas naciones optaron por incluir el escudo de armas en sus banderas.

La bandera de San Marino

La bandera de Andorra

La bandera de Portugal

En 1911, Portugal cambió su bandera azul y blanca por una combinación de colores rojo y verde. El rojo simboliza el republicanismo y el verde representa la ilustración y el conocimiento. Un escudo de armas se encuentra dentro de una esfera armilar redonda. Esta era un instrumento de navegación utilizado por los navegantes portugueses que surcaban los mares y exploraban nuevos territorios durante la era de los descubrimientos.

LA BANDERA DE ESPAÑA

La bandera de España es una tribanda bicolor roja y amarilla. El escudo de armas se sitúa a la izquierda del centro, flanqueado por columnas.

El escudo de armas está formado por los símbolos de los cuatro reinos medievales de España: Castilla, León, Aragón y Navarra. El lema *Plus Ultra* significa «Más allá» y hace referencia a la expansión del Imperio español, que poseía inmensas provincias en América y Asia.

Las columnas son las Columnas de Hércules. Simbolizan el estrecho de Gibraltar, que conecta el mar Mediterráneo con el océano Atlántico.

La corona en la parte superior del escudo simboliza la monarquía española.

BANDERAS INUSUALES

LA BANDERA DE ALBANIA

Estas banderas europeas destacan por sus diseños poco comunes.

La bandera albanesa es de color rojo, con la silueta de un águila bicéfala. Este era un símbolo del Imperio bizantino, al que Albania perteneció.

LA BANDERA DE BOSNIA Y HERZEGOVINA

Esta bandera presenta un triángulo rectángulo amarillo y una línea de estrellas blancas sobre un fondo azul. Las puntas del triángulo representan los tres grupos étnicos del país: bosnios, croatas y serbios. El azul y el amarillo son los colores europeos. Las estrellas representan los países de Europa.

LA BANDERA DE BIELORRUSIA

La bandera de Bielorrusia presenta una ancha franja roja sobre una franja verde más estrecha.
A lo largo del asta se encuentra un patrón tradicional bielorruso en rojo y blanco.
La bandera no ha sufrido cambios desde la época soviética, salvo por la eliminación
de la hoz y el martillo, lo que sugiere una lealtad continua a Rusia.

LA BANDERA DE CHIPRE

El nombre «Chipre» tiene
sus raíces en la palabra sumeria
para «cobre». En su bandera
aparece representado el mapa
del país en color cobre sobre
unas ramas de olivo que
simbolizan la esperanza de paz
entre las comunidades turca
y griega de la isla.

BANDERAS DE ASIA

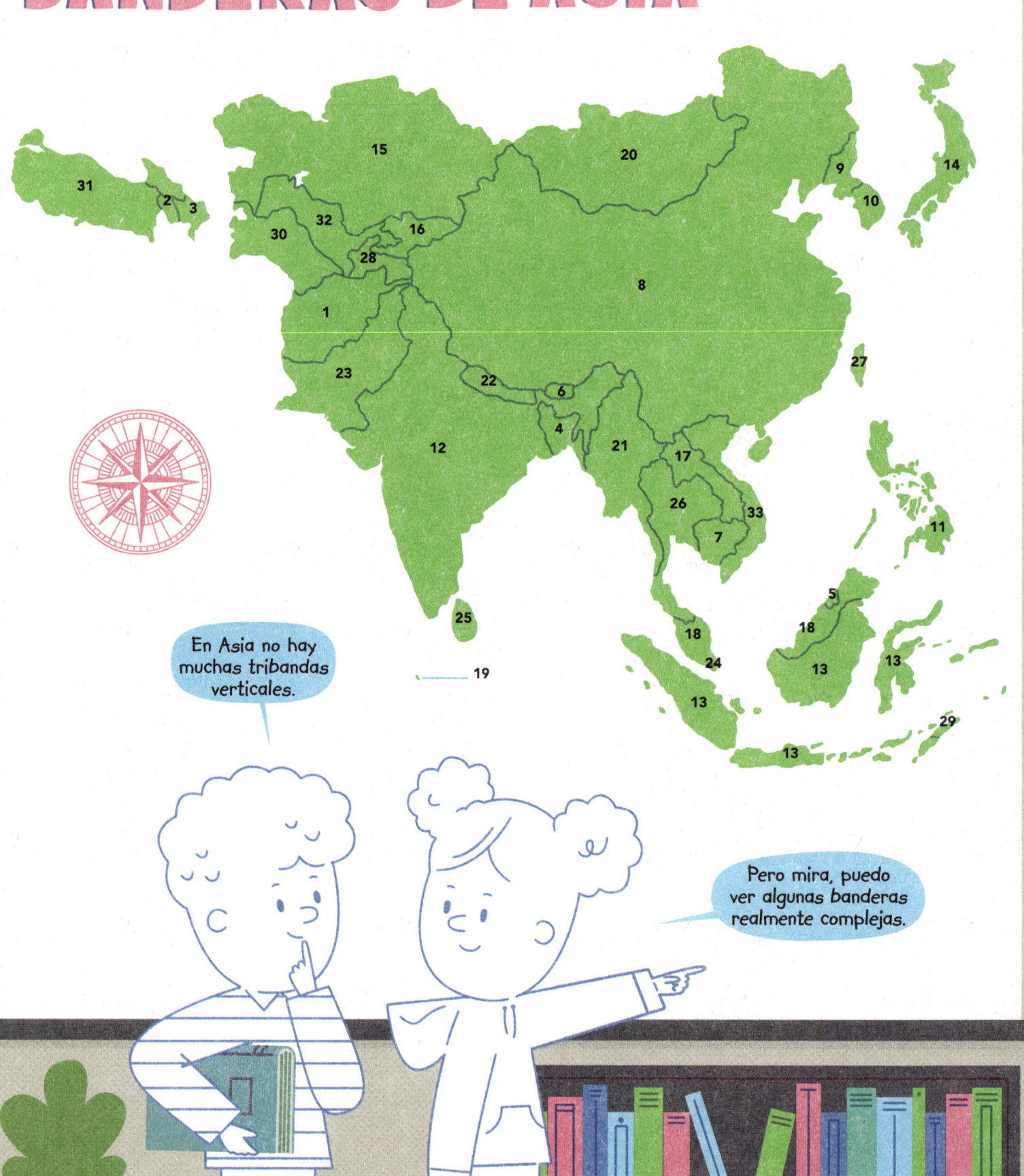

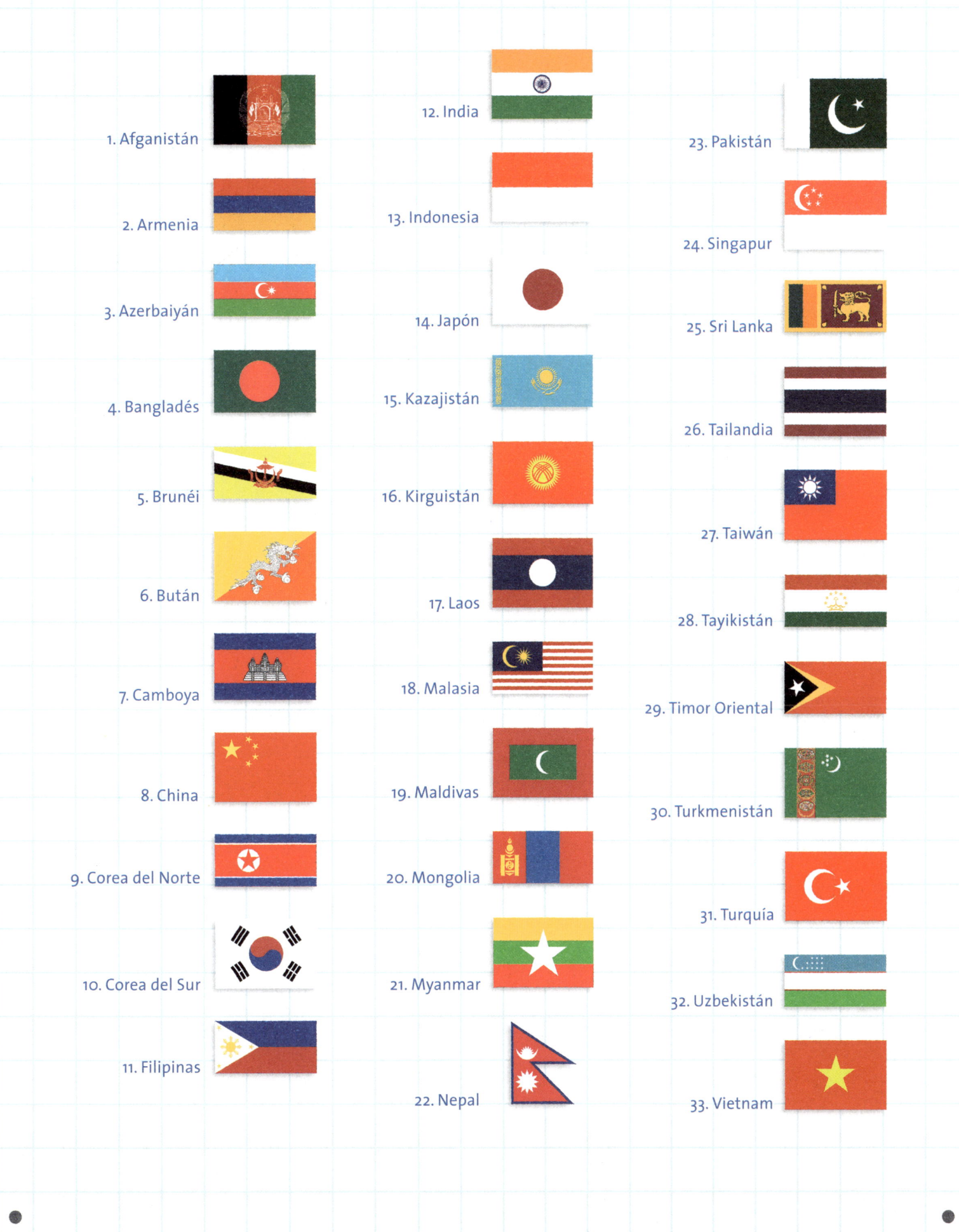

1. Afganistán

2. Armenia

3. Azerbaiyán

4. Bangladés

5. Brunéi

6. Bután

7. Camboya

8. China

9. Corea del Norte

10. Corea del Sur

11. Filipinas

12. India

13. Indonesia

14. Japón

15. Kazajistán

16. Kirguistán

17. Laos

18. Malasia

19. Maldivas

20. Mongolia

21. Myanmar

22. Nepal

23. Pakistán

24. Singapur

25. Sri Lanka

26. Tailandia

27. Taiwán

28. Tayikistán

29. Timor Oriental

30. Turkmenistán

31. Turquía

32. Uzbekistán

33. Vietnam

La bandera de China se adoptó en 1949, tras la revolución comunista y la instauración de la República Popular China. Se asemeja a la bandera de la Unión Soviética.

La estrella más grande representa el liderazgo del Partido Comunista y las más pequeñas representan las cuatro clases sociales identificadas por el líder Mao Zedong: la clase obrera, el campesinado, la pequeña burguesía urbana y la burguesía nacional.

Las estrellas pequeñas están dispuestas en semicírculo en torno a la estrella grande, simbolizando la unión del pueblo en su apoyo al Partido Comunista.

El fondo rojo simboliza tanto el comunismo como el derramamiento de sangre ocurrido durante la revolución. El rojo se considera un color de la buena suerte en China.

BANDERAS ROJAS

LA BANDERA DE VIETNAM

Varios países asiáticos usan el rojo en sus banderas para representar sus conexiones con el comunismo.

LA BANDERA DE MONGOLIA

La de Vietnam presenta un fondo rojo con una estrella amarilla en el centro, que representa la unidad del pueblo vietnamita bajo el liderazgo del Partido Comunista.

La bandera de Mongolia es una tribanda vertical de colores rojo y azul con un soyombo en el asta. El soyombo es el símbolo nacional de Mongolia. Representa aspectos de la filosofía budista, como la fuerza, la armonía y el crecimiento eterno.

LA BANDERA DE INDONESIA

LA BANDERA DE COREA DEL NORTE

Los colores de la bandera de Indonesia no representan el comunismo. Provienen de la antigua mitología de la dualidad entre la Madre Tierra (rojo) y el Padre Cielo (blanco). El rojo fue uno de los primeros tintes para telas disponibles en la región, elaborado a partir de la cáscara del mangostán.

Corea del Norte utiliza la banda roja y la estrella como símbolos del comunismo, mientras que el azul representa la paz, y las rayas blancas, la unidad y la fuerza.

LA BANDERA DE TURQUÍA

La media luna es un símbolo pagano del periodo babilónico, que data de alrededor del año 2000 a. C. Posteriormente se convirtió en símbolo del Imperio bizantino, la parte oriental del Imperio romano. Cuando Bizancio se convirtió al cristianismo, se añadió una estrella para representar a la Virgen María.

Cuando los turcos otomanos conquistaron Bizancio en 1495 (cambiando su nombre a Constantinopla), adoptaron los símbolos de la media luna y la estrella. El color rojo se ha asociado con los otomanos desde el siglo XVI, mucho antes de la aparición del comunismo.

El Imperio otomano fue el imperio islámico más poderoso
que jamás haya existido, gobernando un vasto territorio durante
más de 600 años. Como tal, inspiró a las naciones islámicas de Asia,
Oriente Próximo y el norte de África, y la media luna
se incluyó en 20 banderas nacionales.

LA BANDERA DE PAKISTÁN

El diseño de la bandera de Pakistán
se basa en el de la Liga Musulmana
de la India, que a su vez se inspiró
en la bandera otomana. El verde
es un color comúnmente
asociado con el islam.

El profeta Mahoma
mencionó el color verde
en sus escritos, y se decía
que vestía un turbante
y un manto verdes.

BANDERAS CON LA MEDIA LUNA

LA BANDERA DE AZERBAIYÁN

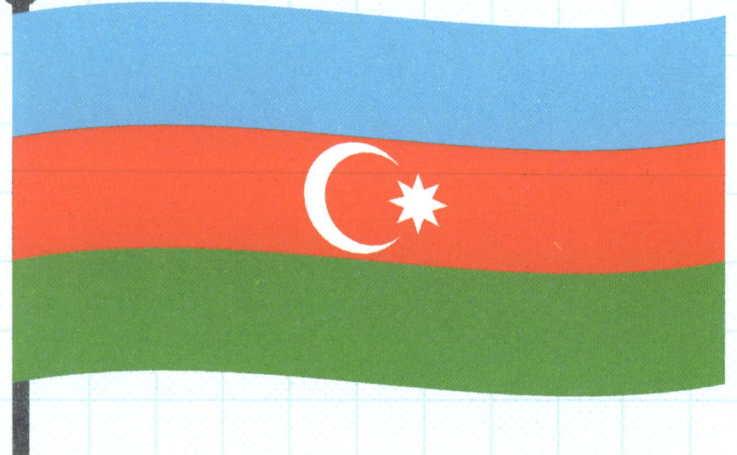

Estos países islámicos
adoptaron la media luna
como símbolo de su fe.

La bandera de Azerbaiyán tiene
una media luna y una estrella de ocho
puntas, que simbolizan las ocho ramas
de los pueblos túrquicos.

LA BANDERA DE MALDIVAS

LA BANDERA DE TURKMENISTÁN

Las cinco estrellas de la bandera
de Turkmenistán representan sus cinco
regiones, así como los cinco pilares del
Islam. Los motivos decorativos en el lado
del asta aluden a la famosa industria
de alfombras del país.

LA BANDERA DE BRUNÉI

Brunéi tiene una bandera compleja.
La media luna del islam está protegida
por un parasol, que simboliza la monarquía.
Las dos manos, una a cada lado,
representan la benevolencia del Estado.

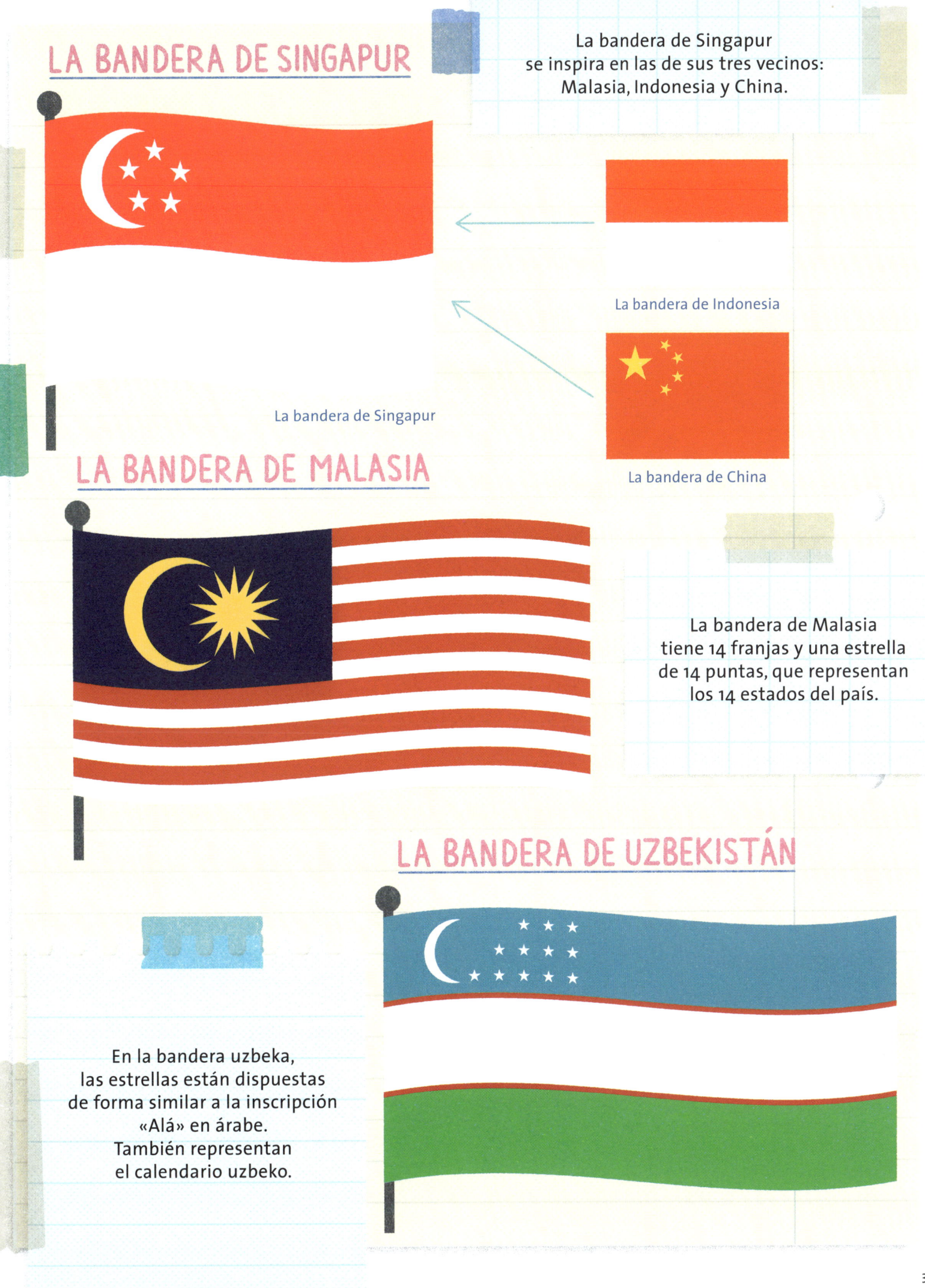

LA BANDERA DE SINGAPUR

La bandera de Singapur
se inspira en las de sus tres vecinos:
Malasia, Indonesia y China.

La bandera de Indonesia

La bandera de Singapur

La bandera de China

LA BANDERA DE MALASIA

La bandera de Malasia
tiene 14 franjas y una estrella
de 14 puntas, que representan
los 14 estados del país.

LA BANDERA DE UZBEKISTÁN

En la bandera uzbeka,
las estrellas están dispuestas
de forma similar a la inscripción
«Alá» en árabe.
También representan
el calendario uzbeko.

LA BANDERA DE COREA DEL SUR (TAEGEUKGI)

La bandera de Corea del Sur es sencilla y sorprendentemente única.
Tiene un emblema central con un símbolo del yin y el yang llamado *Taegeuk*,
que representa el equilibrio de las fuerzas opuestas en el universo.

En los cuatro extremos de la bandera
hay símbolos llamados trigramas,
compuestos por líneas discontinuas
y continuas. Los trigramas representan
los elementos agua, tierra, fuego y aire,
así como los cuatro principios de la filosofía
confuciana relacionados con la armonía
y el equilibrio.

El fondo blanco representa la paz y evoca
las tradicionales túnicas blancas coreanas,
llamadas *hanbok*, así como uno
de los sobrenombres de Corea:
«la Tierra de la Frescura Matutina».

Hanbok

LA BANDERA DE JAPÓN (HINOMARU)

Otro diseño icónico es el de la bandera de Japón, blanca
con un círculo rojo en el centro, que plasma de forma sencilla
y eficaz el sobrenombre de Japón: «el País del Sol Naciente».

Debido a la ubicación de Japón en el océano Pacífico,
al oeste de China, el sol sale espectacularmente sobre el mar
al este. Ya en el siglo VII, el emperador de China se refería
a su homólogo japonés como «el Emperador del Sol Naciente».

Además, el sol juega un
papel importante en la mitología
japonesa, ya que se dice que el
emperador desciende de la diosa
del sol sintoísta, Amaterasu.

El Hinomaru se ha utilizado
desde el siglo XII, y es una
de las banderas originales
más antiguas que existen.

BANDERAS CON CÍRCULOS

LA BANDERA DE KIRGUISTÁN

Los círculos suelen representar
el sol o un nuevo comienzo,
pero también pueden
representar otras cosas.

La bandera kirguisa muestra un sol atravesado
por líneas que representan la abertura
del techo de una yurta tradicional. El sol
tiene 40 rayos, que simbolizan las 40 tribus
unidas por el héroe nacional de Kirguistán,
Manas, en su lucha por la liberación
de los mongoles.

LA BANDERA DE BANGLADÉS

La bandera de Bangladés
presenta un sol rojo, que simboliza
un nuevo comienzo y la revolución,
sobre un fondo verde, que representa
la riqueza de la tierra.

LA BANDERA DE LAOS

Laos es uno de los dos países
comunistas que no utilizan ningún
simbolismo comunista en sus banderas.
El círculo blanco representa una luna
llena sobre el río Mekong; el rojo
a ambos lados representa la sangre
derramada en la lucha del país
por la libertad.

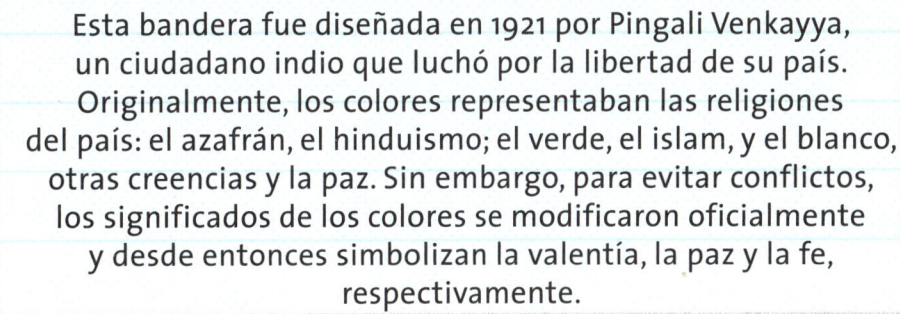

Esta bandera fue diseñada en 1921 por Pingali Venkayya, un ciudadano indio que luchó por la libertad de su país. Originalmente, los colores representaban las religiones del país: el azafrán, el hinduismo; el verde, el islam, y el blanco, otras creencias y la paz. Sin embargo, para evitar conflictos, los significados de los colores se modificaron oficialmente y desde entonces simbolizan la valentía, la paz y la fe, respectivamente.

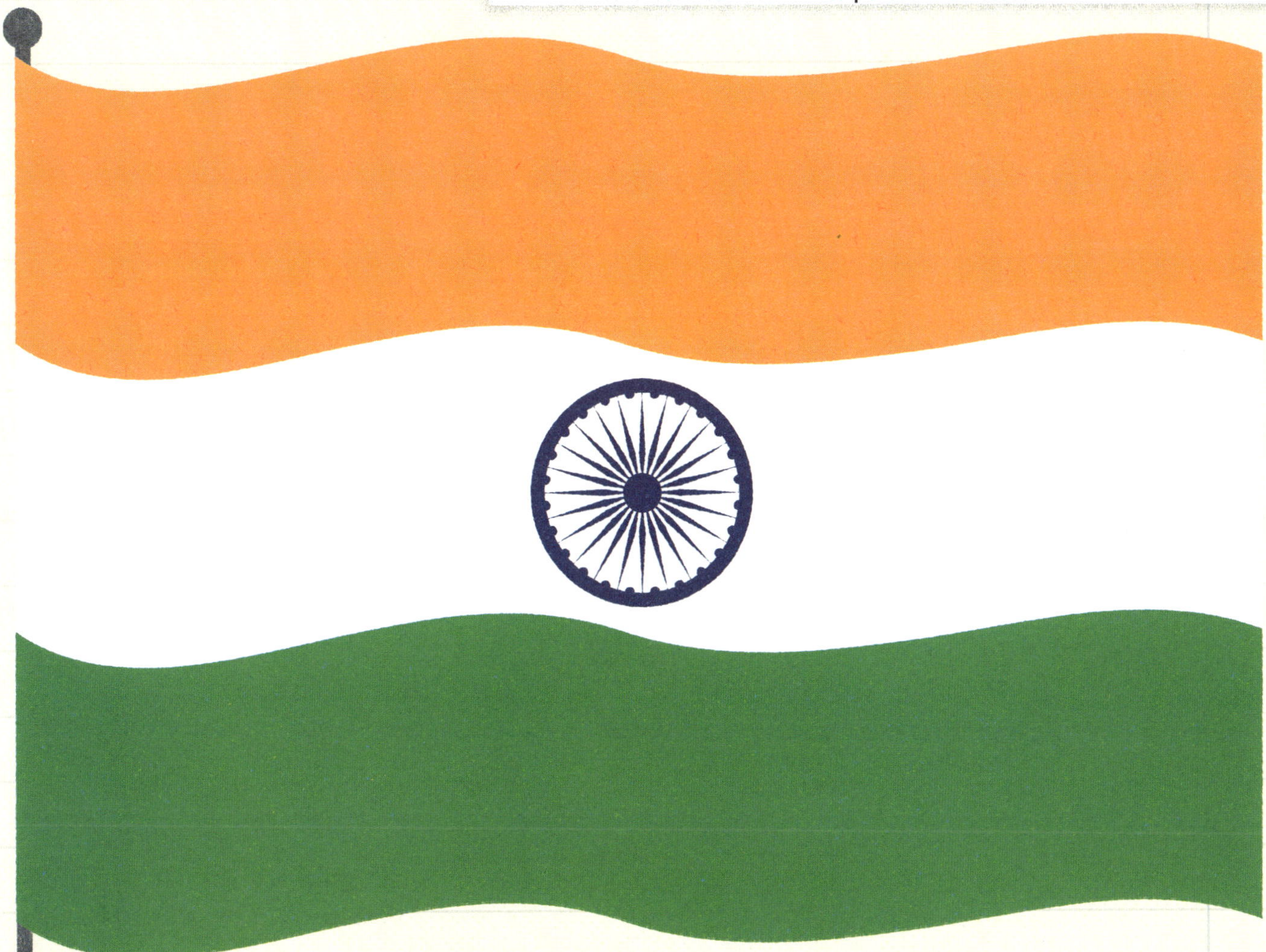

LA BANDERA DE INDIA

El emblema azul marino en el centro de la bandera era inicialmente una rueca, que simbolizaba la larga historia de la confección textil en la India. Sin embargo, justo antes de la independencia del país en 1947, el emblema se cambió por el chakra de Ashoka, un símbolo budista que representa las ruedas del tiempo y la justicia, así como la vitalidad del movimiento.

Por ley, la bandera india debe estar confeccionada con un tipo especial de tela hilada a mano llamada *khadi*.

Charkha (rueca india)

BANDERAS COMPLEJAS

LA BANDERA DE BUTÁN

El sobrenombre de Bután es «País del Dragón», y su bandera presenta un dragón blanco y negro, llamado Druk, sobre un fondo amarillo y naranja dividido en diagonal. El Druk sostiene joyas en sus garras, que simbolizan la riqueza y la seguridad del país.

LA BANDERA DE SRI LANKA

La bandera de Sri Lanka presenta un león dorado que empuña una espada. A su alrededor, cuatro hojas doradas de higuera pipal representan los conceptos budistas de bondad, compasión, alegría y tolerancia. El fondo granate representa a la etnia más numerosa, los cingaleses, mientras que las franjas naranjas y verdes del asta representan a las dos minorías más significativas: los tamiles y los moros de Sri Lanka.

LA BANDERA DE CAMBOYA

La bandera camboyana presenta una imagen de Angkor Wat, un enorme complejo de templos hindú-budista construido en el siglo XII, que es el monumento religioso más grande del mundo.

LA BANDERA DE NEPAL

La bandera de Nepal es la única bandera no rectangular del mundo. Está formada por dos banderines superpuestos. Históricamente, estos banderines eran comunes en todo el sur de Asia y ondeaban fácilmente incluso con poco aire.

Los dos emblemas de la bandera son el sol y la media luna, que representan a las antiguas dinastías nepalesas. Originalmente, estos emblemas tenían caras, pero se eliminaron en 1962 para modernizar la bandera.

BANDERAS DE ORIENTE PRÓXIMO

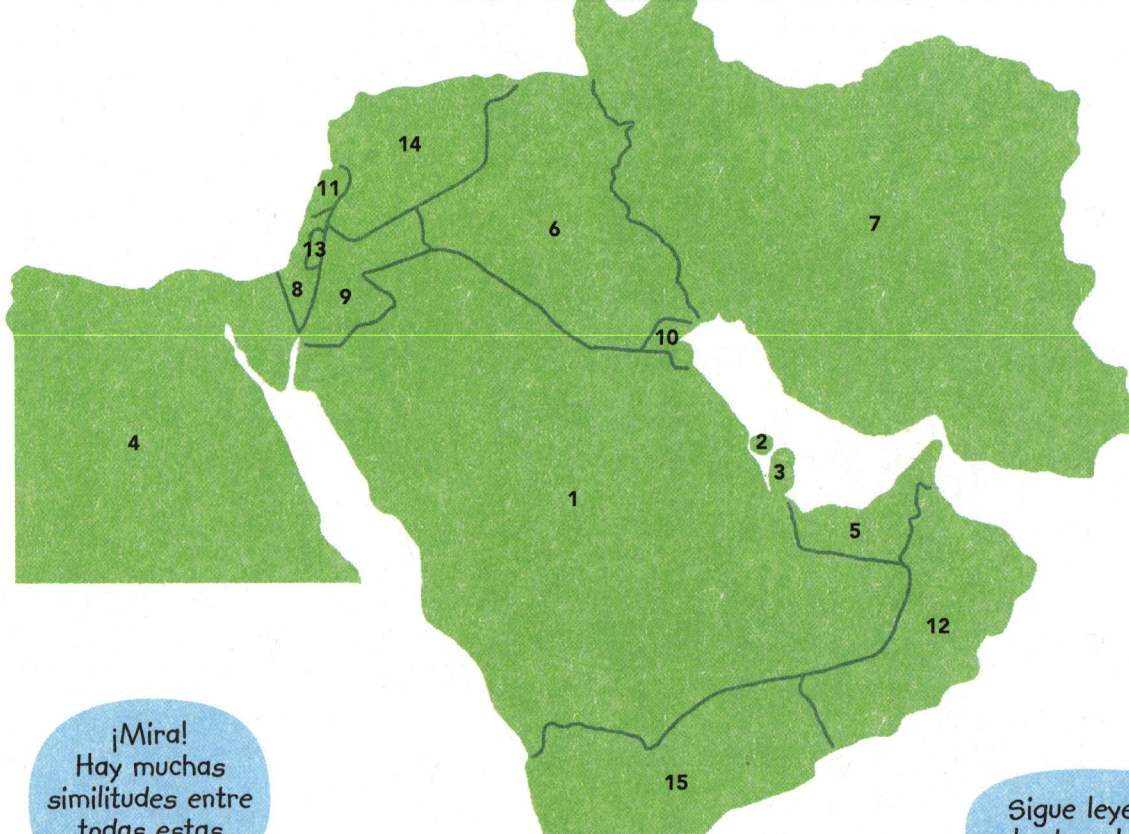

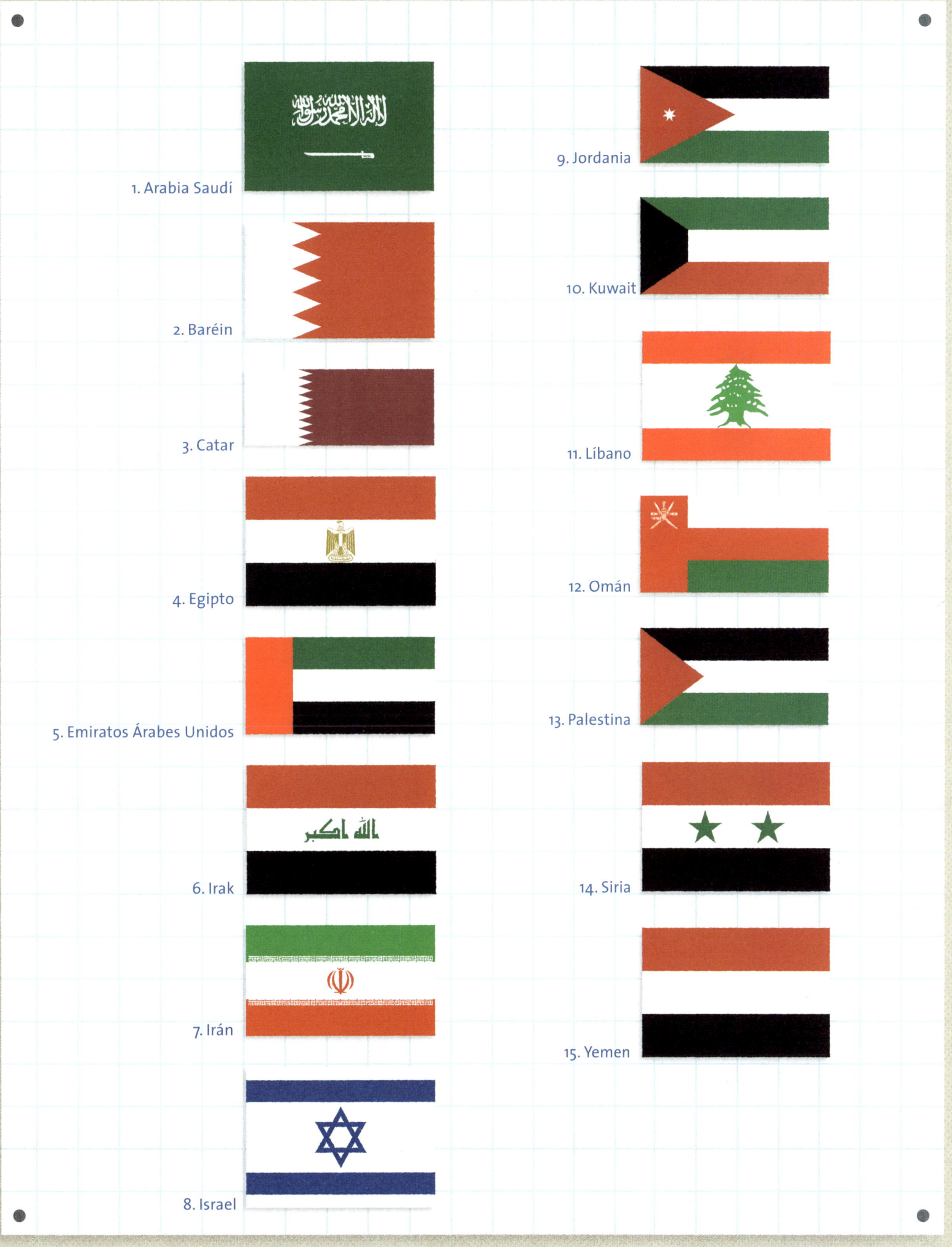

1. Arabia Saudí

2. Baréin

3. Catar

4. Egipto

5. Emiratos Árabes Unidos

6. Irak

7. Irán

8. Israel

9. Jordania

10. Kuwait

11. Líbano

12. Omán

13. Palestina

14. Siria

15. Yemen

LA BANDERA DE LA REBELIÓN ÁRABE (O BANDERA DEL HIYAZ)

El Imperio otomano era muy poderoso y gobernaba territorios desde lo que hoy es Hungría hasta Argelia.

¡Ya has leído sobre el Imperio otomano en la página 36!

Justo antes de la Primera Guerra Mundial, los británicos unieron fuerzas con el ejército árabe, liderado por el jerife de La Meca, para derrocar a los otomanos y crear un estado árabe independiente que se extendió desde Siria hasta Yemen. Este estado, llamado Reino del Hiyaz, duró poco, pero su bandera inspiró muchas banderas árabes en la región.

La bandera fue diseñada por un diplomático británico, Mark Sykes,
y se inspiró en las banderas de organizaciones proárabes
que usaban esquemas de colores similares.

La bandera de Al-Muntada al-Adabi

Esta era la bandera
de Al-Muntada al-Adabi,
una organización árabe creada
en 1905 para promover la cultura
árabe en el Imperio otomano.

Los colores, que llegaron a ser conocidos
como «colores panárabes», representan
las cuatro dinastías que se establecieron
tras la muerte del profeta Mahoma.

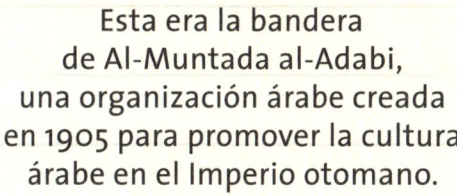

Un califato
es un territorio
gobernado por
un líder musulmán
llamado califa.

El verde simboliza el Califato
Rashidun y también era el color
del manto de Mahoma.

El blanco simboliza el Califato
Omeya y también la paz.

El negro simboliza el Califato Abasida
y también a aquellos que fallecieron
en batalla.

El rojo simboliza la Dinastía Hachemita,
la familia real de Jordania, que gobernó
el Reino del Hiyaz.

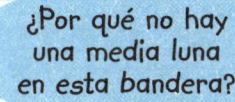

¿Por qué no hay
una media luna
en esta bandera?

El Imperio otomano
usaba el símbolo de la media
luna. Por eso se diseñó
deliberadamente una bandera
sin ese elemento.

BANDERAS PANÁRABES

La bandera de Palestina

La bandera de Palestina es casi exactamente igual a la bandera de la Rebelión Árabe, pero con los colores en un orden diferente.

La bandera de Jordania presenta una estrella de siete puntas sobre un triángulo rojo. Representa los siete versos de una famosa oración coránica llamada *Al-Fatiha*. También representa las siete colinas sobre las que se construyó su capital, Amán.

La bandera de Jordania

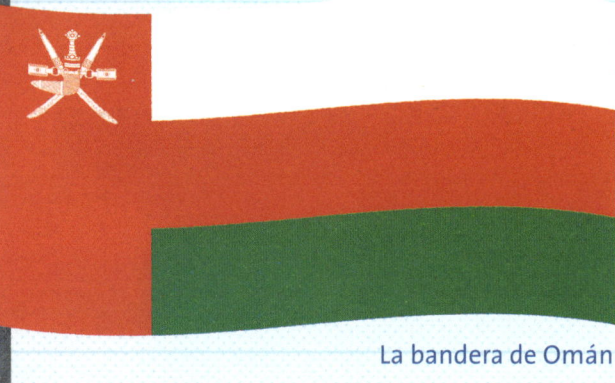

La bandera de Omán

La bandera de Omán usa el rojo dos veces en vez del negro. El rojo era el color tradicional de los pueblos de la zona. El emblema nacional presenta una daga curva sujeta a un par de espadas cruzadas con un bocado para caballos.

La bandera de los Emiratos Árabes Unidos

La bandera de Kuwait

La bandera de Egipto

En 1952, una revolución en Egipto derrocó al rey y estableció una república. Se eligió una nueva bandera con los colores rojo, negro y blanco. Esta versión con los colores panárabes, pero sin el verde, se conoció como la bandera tricolor de la Liberación Árabe y se convirtió en la base de las banderas de Irak, Sudán, Siria y Yemen.

El Águila de Saladino está inspirada en una talla de un templo del antiguo Egipto y fue adoptada como símbolo por el primer sultán de Egipto en el siglo XII.

La bandera de Irak tiene la frase «Alá es Grande» escrita en el centro en escritura cúfica.

La bandera de Irak

La bandera de Siria

Esta fue la bandera de Siria desde el 29 de marzo de 1980 hasta el 8 de diciembre de 2024, cuando el presidente Bashar al-Ásad fue derrocado.

La bandera de Yemen

COLORES IRANÍES

Los colores de la bandera iraní datan del siglo XVIII y representan el islam (verde), la paz (blanco) y el valor (rojo). La bandera fue adoptada en 1979, después de que los fundamentalistas islámicos derrocaran al Sha de Irán e impusieran un régimen teocrático.

LA BANDERA DE IRÁN

A lo largo de la parte inferior de la franja verde y de la parte superior de la franja roja, se encuentra la inscripción *Allahu Akbar*, que significa «Alá es Grande». Se repite 22 veces, ya que la revolución tuvo lugar el 22 del mes de Bahram en el calendario iraní.

El símbolo en el centro de la bandera es el emblema nacional de Irán. Presenta cuatro curvas y una espada. Es una representación gráfica de la palabra Alá. También se asemeja a un tulipán, símbolo del martirio, que es el sacrificio en nombre de la fe.

LA BANDERA DE TAYIKISTÁN

Aunque, en la actualidad, Tayikistán no se considera parte de Oriente Próximo, sí lo fue en los siglos XVIII y XIX, y su idioma, cultura y bandera tienen mucho en común con los de Irán. En el centro de una bandera tricolor figura una corona amarilla rodeada de siete estrellas.

La palabra *Taj* significa «corona» en persa. El número siete representa la perfección y la felicidad en la mitología persa.

LA BANDERA DE KURDISTÁN

El Kurdistán es una región autónoma (parcialmente independiente) en el norte de Irak. La bandera se introdujo en 1946. En el centro de los colores iraníes se encuentra un disco solar con 21 rayos. El número 21 tiene un significado religioso para los kurdos.

BANDERAS DE LOS ESTADOS DE LA TREGUA

La Arabia de la Tregua fue el nombre que dio el gobierno británico a un grupo de confederaciones tribales cuyos líderes habían firmado treguas con el Reino Unido.

LA BANDERA DE BARÉIN

La bandera de Baréin tiene cinco triángulos blancos en zigzag, que simbolizan los cinco pilares del islam. El rojo representa las batallas por la independencia, y el blanco, la paz.

La bandera de Catar tiene nueve triángulos que simbolizan su posición como noveno miembro de los «Emiratos Reconciliados» del Golfo Pérsico. El color de la bandera es de un tono especial conocido como «granate catarí». El país tiene una larga historia como fabricante de tintes púrpura, y las tribus de la zona ya utilizaban tintes de mariscos en el año 1.200 a. C.

LA BANDERA DE CATAR

La bandera catarí es muy ancha. De hecho, es la única bandera nacional cuyo ancho es más del doble de su altura.

LA BANDERA DE ISRAEL

Israel es el único estado judío del mundo,
y su bandera es muy diferente
a la de sus vecinos musulmanes.

Talit

Presenta dos franjas azules sobre fondo blanco
con un hexagrama azul (una estrella de seis puntas,
también conocida como «Estrella de David») en el centro.
El diseño se asemeja a un chal de oración judío llamado
talit. La Estrella de David es un símbolo al que
se le atribuían poderes místicos durante la Edad Media.
Alrededor del siglo XVI, comenzó a aparecer en el arte
y los textos religiosos judíos, y se asoció con el judaísmo.

BANDERAS DE ÁFRICA

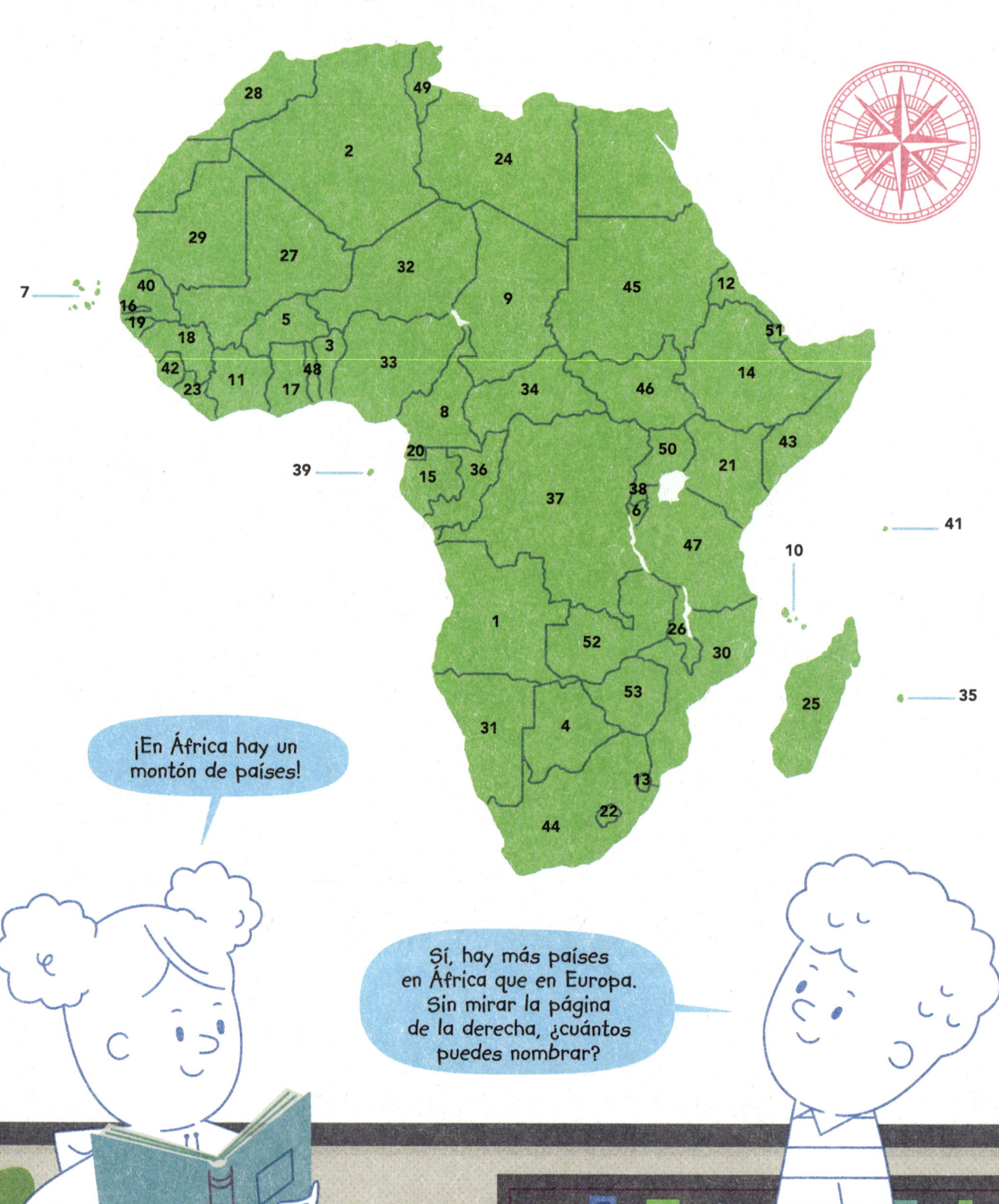

1. Angola
2. Argelia
3. Benín
4. Botsuana
5. Burkina Faso
6. Burundi
7. Cabo Verde
8. Camerún
9. Chad
10. Comoras
11. Costa de Marfil
12. Eritrea
13. Esuatini
14. Etiopía
15. Gabón
16. Gambia
17. Ghana
18. Guinea

19. Guinea-Bissau
20. Guinea Ecuatorial
21. Kenia
22. Lesoto
23. Liberia
24. Libia
25. Madagascar
26. Malawi
27. Mali
28. Marruecos
29. Mauritania
30. Mozambique
31. Namibia
32. Níger
33. Nigeria
34. República Centroafricana
35. República de Mauricio
36. República del Congo

37. República Democrática del Congo
38. Ruanda
39. Santo Tomé y Príncipe
40. Senegal
41. Seychelles
42. Sierra Leona
43. Somalia
44. Sudáfrica
45. Sudán
46. Sudán del Sur
47. Tanzania
48. Togo
49. Túnez
50. Uganda
51. Yibuti
52. Zambia
53. Zimbabue

COLORES PANAFRICANOS I
LA BANDERA DE MARCUS GARVEY

La bandera de la UNIA

Marcus Mosiah Garvey (1887-1940)

Marcus Garvey, activista y líder jamaicano, se mudó a Nueva York y fundó en 1914 la Asociación Universal de Desarrollo Negro (UNIA, por sus siglas en inglés). Esta organización promovía la solidaridad entre los africanos y las personas de color que vivían fuera de África. Garvey imaginaba un África unificada en un solo estado, gobernado por él, donde todas las personas de color del mundo serían bienvenidas. Aunque algunas de sus opiniones fueron controvertidas, el orgullo racial de Garvey y sus llamamientos a poner fin al colonialismo y a la opresión de las personas de color resonaron a lo largo de los siglos.

La bandera de la UNIA, diseñada por Garvey, se introdujo en 1920. Es una bandera tribanda horizontal de color rojo, negro y verde. La UNIA explicó la bandera de la siguiente manera:

Rojo es el color de la sangre que los hombres deben derramar por su redención y libertad; negro es el color de la noble y distinguida raza a la que pertenecemos; verde es el color de la exuberante vegetación de nuestra patria.

La bandera de la UNIA se convirtió en un emblema del orgullo negro en todo el mundo, y cuando las naciones africanas se independizaron, muchas optaron por usar los colores de Garvey en sus banderas.

LA BANDERA DE SUDÁN DEL SUR

LA BANDERA DE MALAWI

La bandera de Malawi presenta un sol naciente con 31 rayos que simboliza el inicio de la esperanza para el continente africano y el hecho de que Malawi fue la 31.ª nación africana en obtener la independencia.

LA BANDERA DE KENIA

La bandera de Kenia tiene los colores de Garvey, un escudo masái y dos lanzas cruzadas.

LA BANDERA DE LIBIA

La bandera libia era totalmente verde. Fue la única bandera nacional de un solo color. Tras la revolución de 2011, fue reemplazada por un diseño de inspiración panafricana.

59

LA BANDERA DE ETIOPÍA

En el siglo XIX, las potencias europeas colonizaron gran parte de África, tomando el control de los recursos, la mano de obra y territorios de los países africanos y despojándolos de su orgullo e identidad nacional. Etiopía fue el único país que resistió con éxito a los europeos. Salvo una breve ocupación de cinco años por parte de Italia, mantuvo su independencia.

Los colores verde, amarillo y rojo se asocian con Etiopía desde el siglo XVII. En 1897, el emperador Menelik II oficializó los colores al diseñar una bandera tricolor con sus iniciales en el centro.

Se decía que los colores representaban el arcoíris enviado por Dios en la historia bíblica de Noé y el diluvio.

Las iniciales del
emperador Menelik II

Con el paso de los años, el emblema
central cambió varias veces.
En 1996 se eligió el emblema actual.
El disco azul representa la paz,
y la estrella, la unidad de los pueblos
de Etiopía. Los rayos simbolizan la luz
de la esperanza. Hoy día, se dice
que el rojo representa la lucha por
la libertad, el amarillo representa
la esperanza y la justicia, y el verde
representa la fertilidad
y el crecimiento.

La bandera de Etiopía con el león de Judá

El león de Judá fue el emblema central de la bandera etíope de 1913 a 1936
y, posteriormente, de 1941 a 1974. Fue un símbolo de la dinastía salomónica,
que se decía que descendía del rey bíblico Salomón y gobernó el Imperio etíope
desde el siglo XIII hasta el XX. Esta bandera sigue siendo un símbolo popular
del movimiento religioso rastafari.

COLORES PANAFRICANOS II

La fuerza de Etiopía frente al colonialismo fue muy admirada en toda África, y muchas naciones adoptaron los colores nacionales etíopes cuando lograron la independencia.

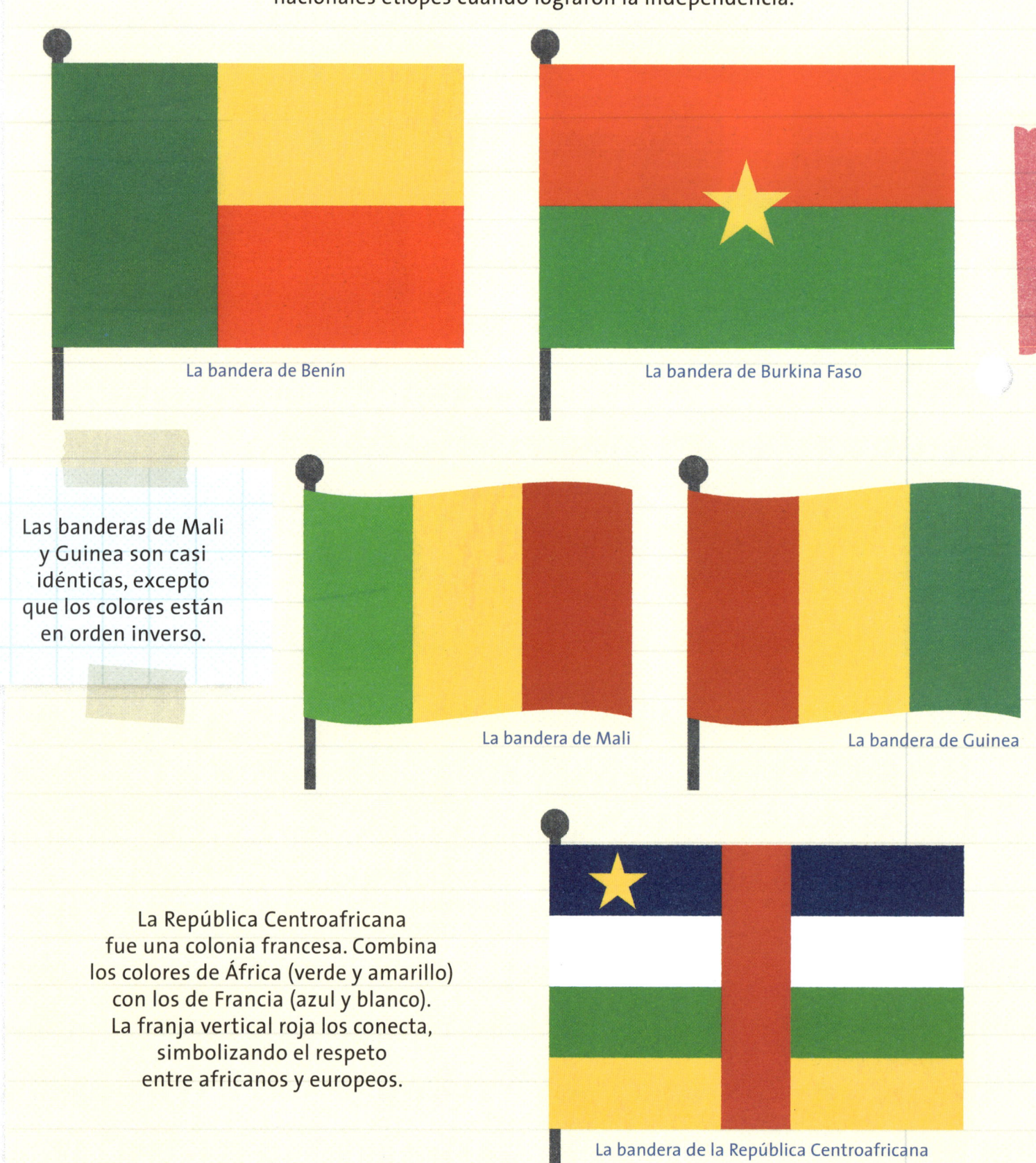

La bandera de Benín

La bandera de Burkina Faso

Las banderas de Mali y Guinea son casi idénticas, excepto que los colores están en orden inverso.

La bandera de Mali

La bandera de Guinea

La República Centroafricana fue una colonia francesa. Combina los colores de África (verde y amarillo) con los de Francia (azul y blanco). La franja vertical roja los conecta, simbolizando el respeto entre africanos y europeos.

La bandera de la República Centroafricana

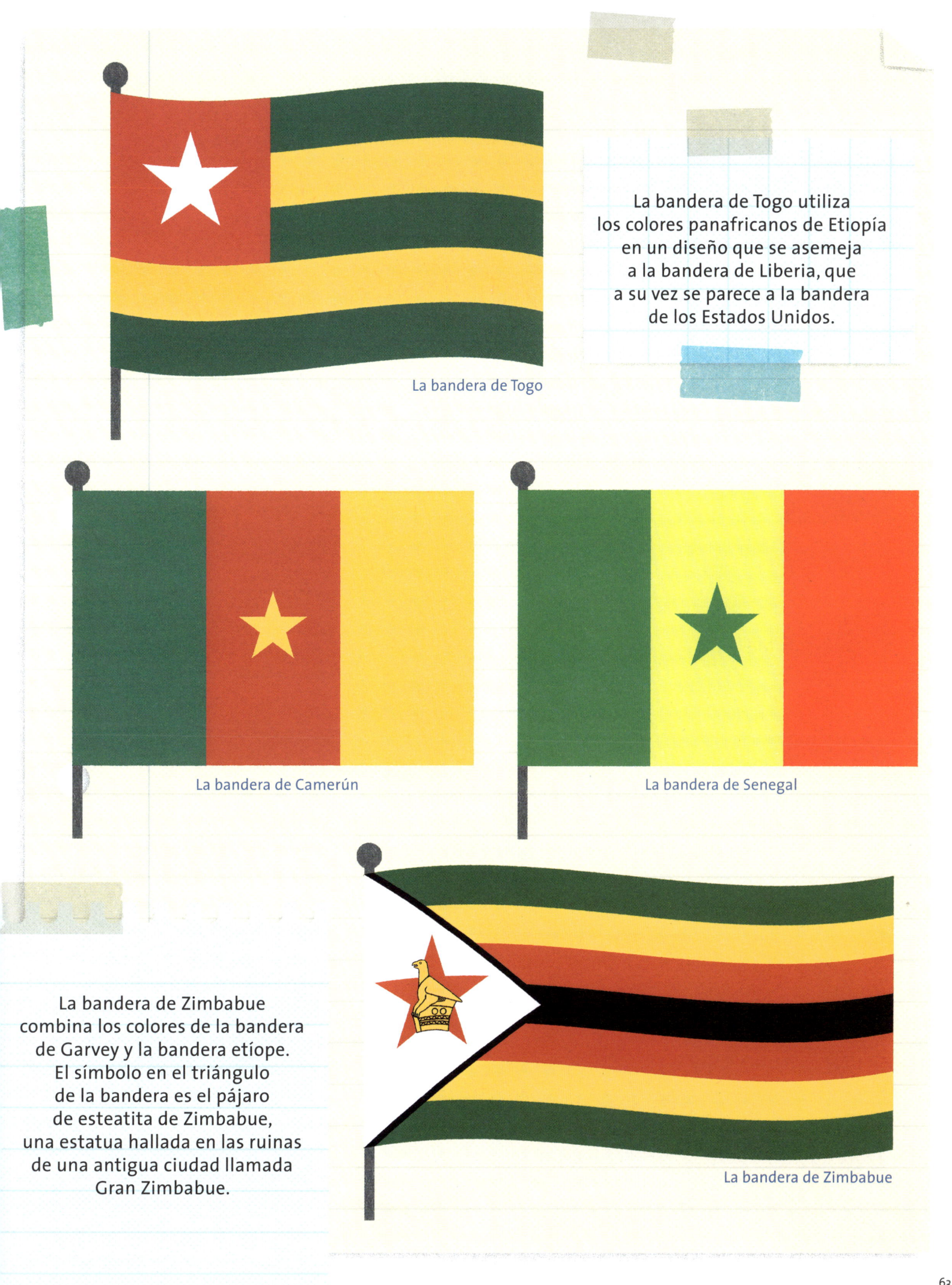

La bandera de Togo utiliza los colores panafricanos de Etiopía en un diseño que se asemeja a la bandera de Liberia, que a su vez se parece a la bandera de los Estados Unidos.

La bandera de Togo

La bandera de Camerún

La bandera de Senegal

La bandera de Zimbabue combina los colores de la bandera de Garvey y la bandera etíope. El símbolo en el triángulo de la bandera es el pájaro de esteatita de Zimbabue, una estatua hallada en las ruinas de una antigua ciudad llamada Gran Zimbabue.

La bandera de Zimbabue

BANDERAS CON ESTRELLAS NEGRAS

La Black Star Line fue una compañía naviera fundada en 1919 por Marcus Garvey. Tomó su nombre de la White Star Line, una famosa naviera que transportaba mercancías de todo el Imperio británico al Reino Unido. Garvey cambió el color de blanco a negro para simbolizar la propiedad negra. Su intención era que la naviera transportara personas y mercancías de todo el mundo a África.

LA BANDERA DE GHANA

Aunque la línea naviera tuvo una corta vida, la estrella negra, a veces llamada la «estrella de la libertad africana», se convirtió en un símbolo del panafricanismo y el anticolonialismo. Ghana fue uno de los primeros países en lograr la independencia. Adoptó los colores etíopes y colocó la estrella de la libertad en su centro. La bandera ghanesa fue diseñada por Theodosia Okoh, maestra, artista, jugadora de hockey y activista.

LA BANDERA DE GUINEA-BISSAU

Cuando, en 1973, Guinea-Bissau obtuvo su independencia, basó el diseño de su bandera en el de la de Ghana.

LA BANDERA DE SANTO TOMÉ Y PRÍNCIPE

La bandera del país insular de Santo Tomé y Príncipe tiene dos estrellas negras: una para Santo Tomé y otra para Príncipe, las dos islas principales de su archipiélago.

OTRAS BANDERAS CON ESTRELLAS

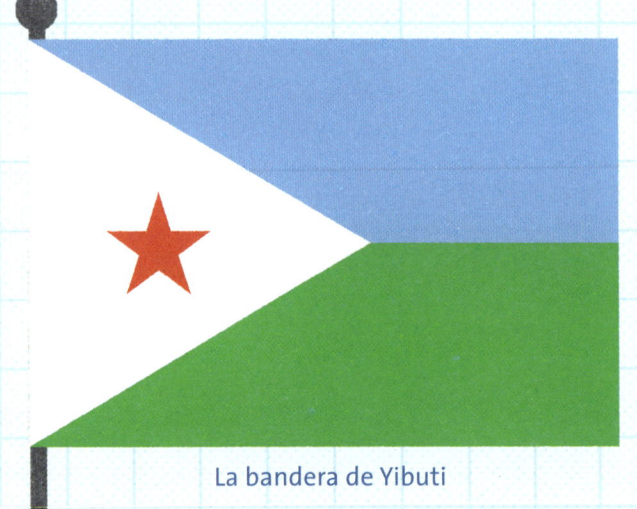
La bandera de Yibuti

La bandera de la República Democrática del Congo

La estrella de cinco puntas se convirtió en un elemento común en las banderas africanas, a menudo simbolizando la unidad africana, como en el caso de Yibuti y la República Democrática del Congo.

La bandera de Mauritania

La bandera de Túnez

Mauritania y Túnez son países islámicos. Sus banderas se inspiran en la bandera otomana de la luna y la estrella. Los colores de la bandera mauritana hacen referencia a los colores panafricanos de Etiopía.

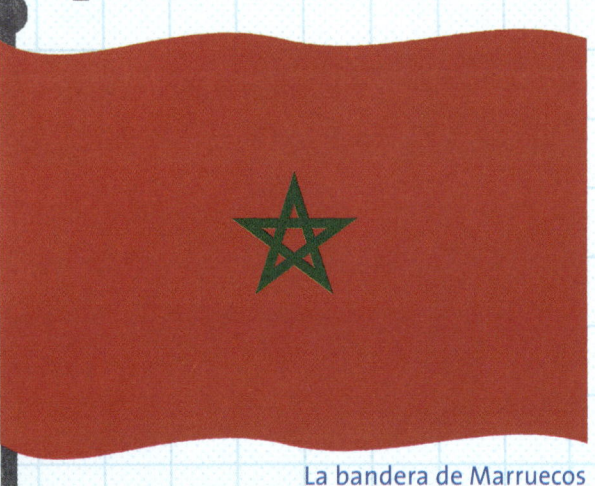
La bandera de Marruecos

En la bandera marroquí, la estrella de cinco puntas representa los cinco pilares del islam.

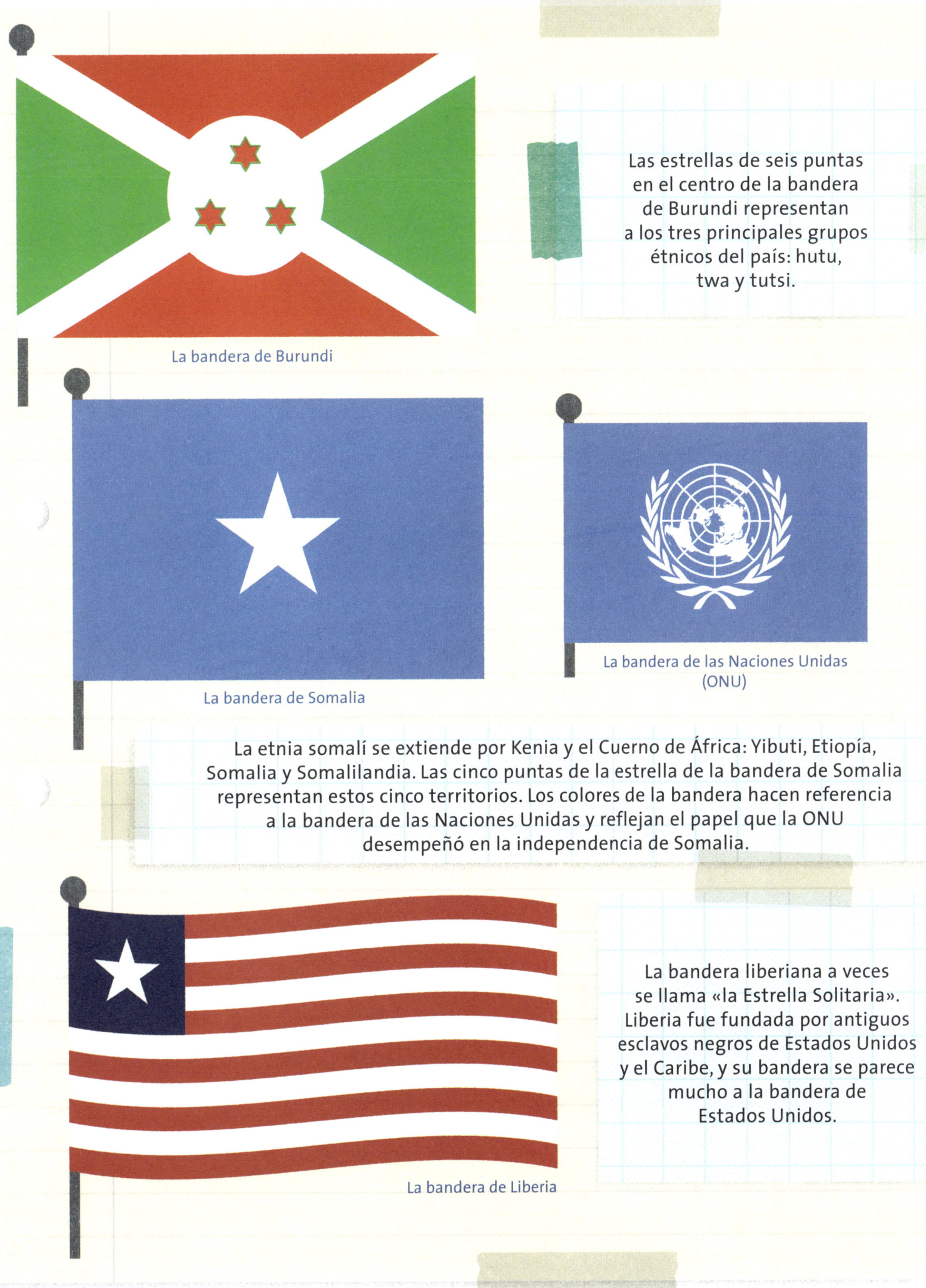

La bandera de Burundi

Las estrellas de seis puntas en el centro de la bandera de Burundi representan a los tres principales grupos étnicos del país: hutu, twa y tutsi.

La bandera de Somalia

La bandera de las Naciones Unidas (ONU)

La etnia somalí se extiende por Kenia y el Cuerno de África: Yibuti, Etiopía, Somalia y Somalilandia. Las cinco puntas de la estrella de la bandera de Somalia representan estos cinco territorios. Los colores de la bandera hacen referencia a la bandera de las Naciones Unidas y reflejan el papel que la ONU desempeñó en la independencia de Somalia.

La bandera liberiana a veces se llama «la Estrella Solitaria». Liberia fue fundada por antiguos esclavos negros de Estados Unidos y el Caribe, y su bandera se parece mucho a la bandera de Estados Unidos.

La bandera de Liberia

BANDERAS INUSUALES

LA BANDERA DE SEYCHELLES

La bandera de Seychelles tiene cinco franjas de colores distintos que se extienden en diagonal. Simboliza un nuevo país dinámico que avanza hacia un futuro brillante.

LA BANDERA DE ANGOLA

El símbolo de la antigua Unión Soviética

La bandera de Angola es muy similar a la de la antigua Unión Soviética. Presenta una media rueda dentada cruzada por un machete con una estrella de cinco puntas. El engranaje representa la industria; el machete, la agricultura, y la estrella, el progreso. Fue diseñada por el partido procomunista que gobernó Angola tras su independencia en 1975.

LA BANDERA DE MOZAMBIQUE

La bandera de Mozambique es la única bandera nacional del mundo que luce un arma de fuego moderna. Su emblema representa un fusil Kalashnikov cruzado por una azada, sobre un libro. Esto simboliza la importancia de la autodefensa, la agricultura y la educación.

La bandera está basada en la bandera del Frente de Liberación de Mozambique.

LA BANDERA DE LESOTO

La bandera de Lesoto presenta un sombrero tradicional de paja, el *mokorotlo*. Este sombrero, junto con sus colores, representa un país en paz consigo mismo y con sus vecinos.

Lesoto está completamente rodeado por Sudáfrica, por lo que es importante mantener la paz.

LA BANDERA DE SUDÁFRICA

La bandera sudafricana es una de las pocas banderas nacionales que tienen seis colores. Estos colores no tienen significados específicos, sino que representan la inclusión de todos los pueblos de la cultura sudafricana. La forma de Y representa la «convergencia de caminos, la fusión de la historia y la realidad actual».

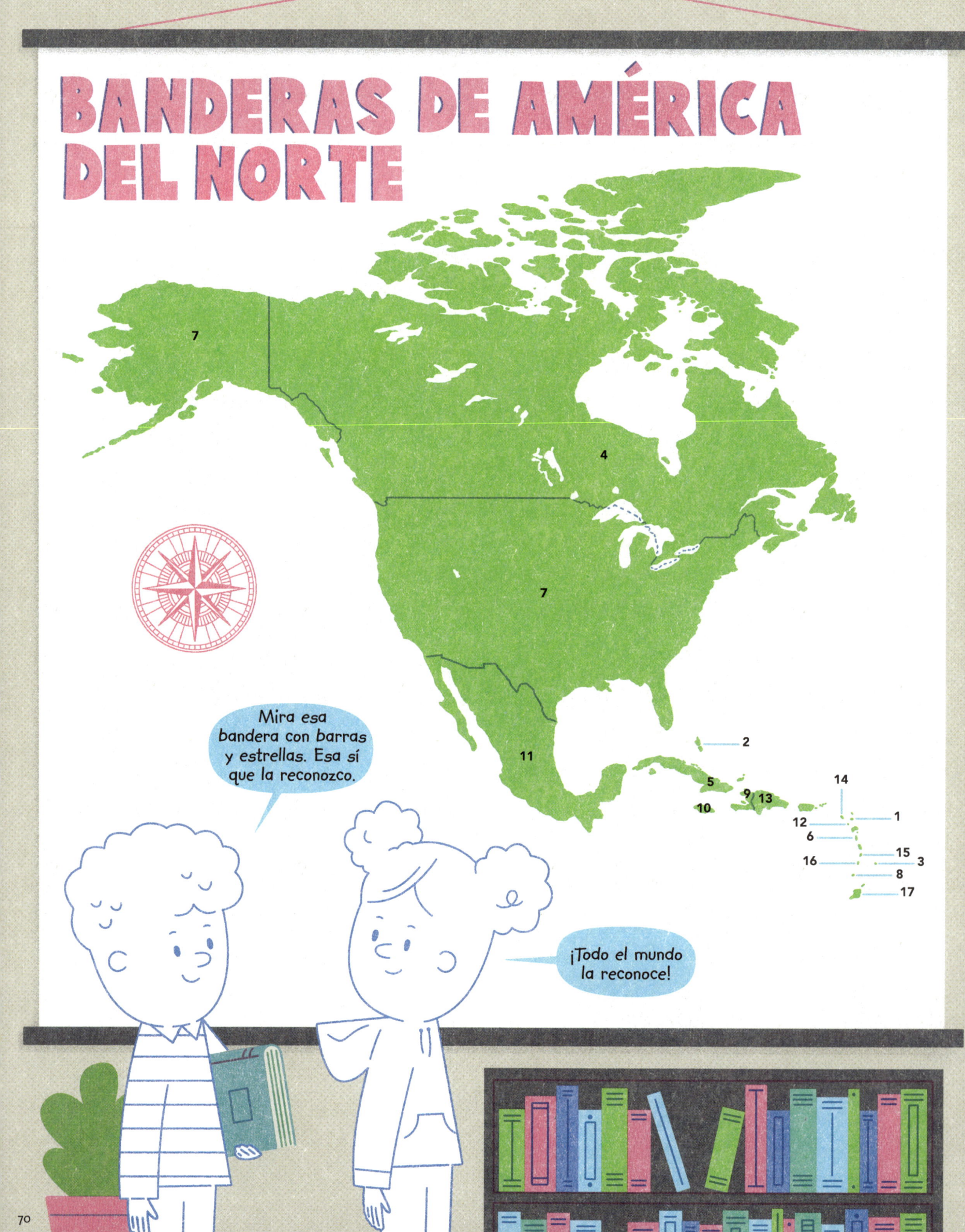

1. Antigua y Barbuda

2. Bahamas

3. Barbados

4. Canadá

5. Cuba

6. Dominica

7. Estados Unidos de América

8. Granada

9. Haití

10. Jamaica

11. México

12. Montserrat

13. República Dominicana

14. San Cristóbal y Nieves

15. San Vicente y las Granadinas

16. Santa Lucía

17. Trinidad y Tobago

COLORES PANAFRICANOS DEL CARIBE

A partir del siglo XV, las islas del Caribe fueron ocupadas por España, Gran Bretaña, Francia y los Países Bajos. Con sus climas cálidos y abundantes lluvias, la región era perfecta para el cultivo de la caña de azúcar, un producto de lujo muy apreciado. Las enormes plantaciones requerían mucha mano de obra para su cultivo y mantenimiento, por lo que, a lo largo de dos siglos, los colonizadores llevaron a más de un millón de africanos esclavizados para trabajar la tierra.

Cuando, en el siglo XX, las islas caribeñas se independizaron de Reino Unido, Francia y los Países Bajos, muchas eligieron banderas que rompían con los colores y patrones europeos. Algunas optaron por colores panafricanos para hacer referencia a la ascendencia africana de sus pueblos.

LA BANDERA DE JAMAICA

La bandera de Jamaica presenta una cruz de aspa dorada. Tiene triángulos verdes en las partes superior e inferior y triángulos negros a la izquierda y a la derecha. El simbolismo se describía así: «El sol brilla, la tierra es verde y la gente es fuerte y creativa».

La bandera de Jamaica es la única bandera nacional que no contiene los colores rojo, blanco ni azul. Cuando el país fue liberado, eligió colores que no guardaban relación alguna con su antiguo colonizador británico.

La bandera de San Cristóbal y Nieves

Las dos estrellas
de la bandera panafricana
de San Cristóbal y Nieves
representan a las dos islas.

La bandera de Trinidad y Tobago
utiliza una línea diagonal
para representar la libertad
y el progreso.

La bandera de Trinidad y Tobago

La bandera de Dominica

El loro Sisserou se encuentra
únicamente en Dominica
y es el emblema nacional
del país. Los colores de la
bandera son los panafricanos
y la cruz representa
el cristianismo.

BANDERAS DEL CARIBE CON TRIÁNGULOS

LA BANDERA DE LAS BAHAMAS

Las Bahamas fueron un refugio para piratas en el siglo XVI. Los colores de su bandera representan las aguas color aguamarina que las rodean, el sol radiante y la fuerza del pueblo bahamés.

LA BANDERA DE GRANADA

Granada es conocida como la «isla de las especias», y el símbolo en el lateral del asta es una nuez moscada, uno de los principales productos de exportación de la isla.

LA BANDERA DE ANTIGUA Y BARBUDA

Diseñada por un artista
famoso, la reconocible bandera
de Antigua y Barbuda presenta
un triángulo invertido sobre
un fondo rojo. La forma de V
representa la victoria.
El rojo representa la energía;
el negro, la ascendencia africana
del pueblo; el azul, el mar,
y el blanco, las playas.
El sol naciente simboliza
el inicio de una nueva era.

LA BANDERA DE SANTA LUCÍA

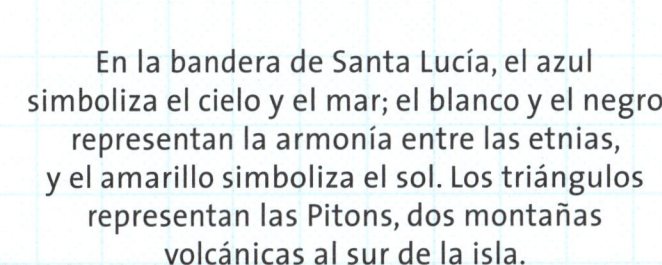

En la bandera de Santa Lucía, el azul
simboliza el cielo y el mar; el blanco y el negro
representan la armonía entre las etnias,
y el amarillo simboliza el sol. Los triángulos
representan las Pitons, dos montañas
volcánicas al sur de la isla.

LA BANDERA DE LOS ESTADOS UNIDOS DE AMÉRICA (LAS BARRAS Y ESTRELLAS)

La bandera de Estados Unidos tiene 13 franjas rojas y blancas alternadas, que representan los 13 estados que declararon su independencia de Gran Bretaña. Las 50 estrellas del cantón representan los 50 estados que conforman Estados Unidos hoy día.

La bandera se inspiró en la bandera rayada de la Compañía de las Indias Orientales, una enorme empresa naviera privada que comerciaba con el botín del Imperio británico, que incluía especias, opio, té y esclavos.

La bandera de la Compañía de las Indias Orientales

Se dice que George Washington interpretó la bandera de la siguiente manera: «Tomamos las estrellas del cielo, el rojo de nuestra madre patria, separándola con franjas blancas, mostrando así que nos hemos separado de ella... Las franjas blancas representarán nuestra libertad».

La bandera ha sido modificada 26 veces desde su primera utilización en 1777, ya que el número de estrellas ha ido cambiando a medida que se añadían nuevos estados a la Unión. La bandera de 50 estrellas se utiliza desde 1960.

1777-1795

1851-1858

La bandera estadounidense tiene un enorme simbolismo en Estados Unidos. A medida que este país se convirtió en una superpotencia en el siglo XX, su bandera llegó a ser uno de los símbolos más reconocibles del mundo.

LA BANDERA DE CUBA
(LA BANDERA DE LA ESTRELLA SOLITARIA)

La bandera de Cuba fue diseñada en 1849 por el rebelde Narciso López y el poeta Miguel Teurbe Tolón, quienes querían independizar a Cuba de España y anexionarla a Estados Unidos. La estrella representaba una nueva estrella que se añadiría a la bandera estadounidense.

Las tres franjas azules representan los tres distritos militares de Cuba. Las franjas blancas simbolizan la pureza de corazón. El triángulo rojo representa la fuerza, y la estrella blanca representa la independencia y la unidad.

Con el tiempo, Cuba se convirtió en un país comunista, en conflicto ideológico directo con Estados Unidos, que es un país capitalista, pero nunca modificó su bandera.

Narciso López realizó varios intentos fallidos de liberar a Cuba. Tras su último intento, fue capturado y ejecutado en La Habana.

LA BANDERA DE CANADÁ

La bandera canadiense tiene el doble de ancho que de alto.
A diferencia de las banderas tradicionales, el ancho de la franja
central es el doble que el de las franjas laterales.
Este diseño se denomina «banda canadiense».

En el centro de la bandera
hay una hoja de arce. Esta se ha utilizado
como emblema canadiense desde que
apareció en los escudos de armas
de Ontario y Quebec en el siglo XVIII.

Escudo de armas
de Ontario

Escudo de armas
de Quebec

Como colonia británica,
Canadá tenía una bandera roja.
Este color se mantuvo en la nueva bandera,
pero ahora simboliza el sacrificio sufrido
en la Primera Guerra Mundial.

LA BANDERA DE MÉXICO

La bandera mexicana es tricolor vertical, posiblemente influenciada por la bandera tricolor francesa. El verde simboliza la independencia; el blanco, la religión católica, y el rojo, el acuerdo entre la provincia de México y España que permitió la independencia del país.

El emblema en el centro de la bandera representa un famoso mito azteca: en 1325, los fundadores de Tenochtitlán (hoy día Ciudad de México) recibieron una señal de los dioses: un águila devorando una serpiente, de pie sobre un cactus que crecía entre las rocas. En este lugar fundaron su nueva capital.

1. Argentina

2. Belice

3. Bolivia

4. Brasil

5. Chile

6. Colombia

7. Costa Rica

8. Ecuador

9. El Salvador

10. Guatemala

11. Guyana

12. Honduras

13. Nicaragua

14. Panamá

15. Paraguay

16. Perú

17. Surinam

18. Uruguay

19. Venezuela

LA BANDERA DE ARGENTINA

La bandera de Argentina

La bandera tricolor de Argentina fue diseñada en 1812 por el político y líder militar Manuel Belgrano, quien luchó por la independencia del virreinato del Río de la Plata y la fundación de Argentina.

En 1818, se añadió un Sol de Mayo al centro de la bandera. El Sol de Mayo es el símbolo de la Revolución de Mayo de 1810, en la que los luchadores por la independencia se rebelaron contra el dominio español.

El rostro del sol era originalmente un símbolo del dios del sol, Inti, fundador mitológico del Imperio inca, que dominó gran parte de América del Sur durante mil años, antes de la llegada de los españoles.

LA BANDERA DE URUGUAY

La bandera de Uruguay

Al independizarse de España, Uruguay formó parte de un estado llamado Provincias Unidas del Río de la Plata, gobernado por Argentina.
Con el tiempo, se separó y desarrolló su propia bandera, que combina elementos de la bandera argentina y de la de Estados Unidos.

Nueve franjas azules y blancas representan las nueve provincias del país. El dorado Sol de Mayo en el cantón representa una causa común con su vecino argentino.

Uruguay significa «río de pájaros pintados». Es el segundo país más pequeño de América del Sur, después de Surinam.

BANDERAS DE BELGRANO

A medida que el movimiento por la independencia se extendía por América del Sur, muchos países se inspiraron en el diseño que Manuel Belgrano utilizó para la bandera argentina.

La República Federal de Centroamérica se fundó en 1823 y estaba compuesta por Costa Rica, El Salvador, Guatemala, Honduras y Nicaragua, además de partes de Belice y el sur de México. Eligieron los colores de Belgrano para su bandera.

República Federal de Centroamérica

La federación se sumió rápidamente en una guerra civil y, en 18 años, se había fragmentado en estados separados. Los cinco estados conservaron el esquema de Belgrano: dos franjas exteriores azules y una franja interior blanca.

Guatemala · Belice · Honduras · El Salvador · Nicaragua · Costa Rica

LA BANDERA DE HONDURAS

Las cinco estrellas en el centro de la bandera hondureña representan a las cinco naciones de la antigua República Federal de Centroamérica y la esperanza de que algún día puedan volver a unirse.

LA BANDERA DE NICARAGUA

Los cinco volcanes del emblema central de la bandera nicaragüense también representan a los cinco estados miembros de la República Federal.

LA BANDERA DE GUATEMALA

La bandera guatemalteca invierte los colores de Belgrano para formar una tribanda vertical. En el centro, el escudo de armas presenta al ave nacional, el quetzal, sobre un pergamino con la fecha de la independencia de España.

LA BANDERA DE COSTA RICA

Costa Rica modificó su bandera en 1848, oscureciendo el azul y añadiendo una franja roja interior de doble ancho.

LA BANDERA DE EL SALVADOR

El tono de azul en la bandera de El Salvador es más oscuro que el de los demás, y simboliza uno de sus principales productos de exportación: el tinte azul índigo.

El escudo de armas en el centro de la bandera representa la bandera misma: es una de las cuatro banderas nacionales que presentan una bandera dentro de su bandera.

BANDERAS DE LA GRAN COLOMBIA

En 1801, el líder revolucionario Francisco de Miranda eligió una bandera roja, amarilla y azul en su lucha contra el dominio español para independizar a Venezuela. Aunque no tuvo éxito, su bandera fue adoptada en 1811, cuando Venezuela obtuvo la independencia.

La bandera de la Primera República de Venezuela

El filósofo alemán Goethe me dijo que mi destino era crear en mi tierra «un lugar donde los colores primarios no se distorsionen».

Francisco de Miranda

Costa Rica

Panamá

Colombia

Venezuela

Ecuador

Perú

Brasil

En 1819 se estableció un nuevo estado que abarcaba gran parte del norte de América del Sur. Estaba compuesto por las actuales Colombia, Ecuador, Panamá y Venezuela, así como por territorios del norte de Perú y Brasil. El estado se llamó Gran Colombia. Los colores primarios de Miranda fueron elegidos por su nuevo líder, Simón Bolívar.

Los colores representan las Américas (amarillo), separadas de España (rojo) por el océano Atlántico (azul).

La bandera de la Gran Colombia (1821-1830)

Cuando la Gran Colombia se disolvió en 1831, Colombia, Ecuador y Venezuela mantuvieron la misma paleta de colores.

LA BANDERA DE COLOMBIA

Colombia y Ecuador cambiaron la bandera tricolor para que la franja amarilla fuera más ancha que las otras dos franjas.

LA BANDERA DE VENEZUELA

Las siete estrellas de la bandera venezolana representan las siete provincias que iniciaron la lucha por la independencia.

LA BANDERA DE ECUADOR

El escudo de armas de Ecuador se encuentra en el centro de su bandera. Representa el volcán Chimborazo, con el río Guayas en su base. El cóndor simboliza protección y fuerza.

LA BANDERA DE BOLIVIA

La bandera de Bolivia puede tener cierta similitud con la bandera panafricana de Etiopía pero no tiene una relación directa. El rojo y el amarillo provienen de la bandera de la vecina Venezuela. El verde simboliza la tierra fértil.

Desde 2009, la bandera Wiphala, que representa a los pueblos originarios de los Andes, ha sido reconocida como la segunda bandera oficial de Bolivia.

La Wiphala es un mosaico cuadrado de siete colores que simboliza las diferentes regiones del antiguo Imperio inca.

La bandera Wiphala

LA BANDERA DE BRASIL

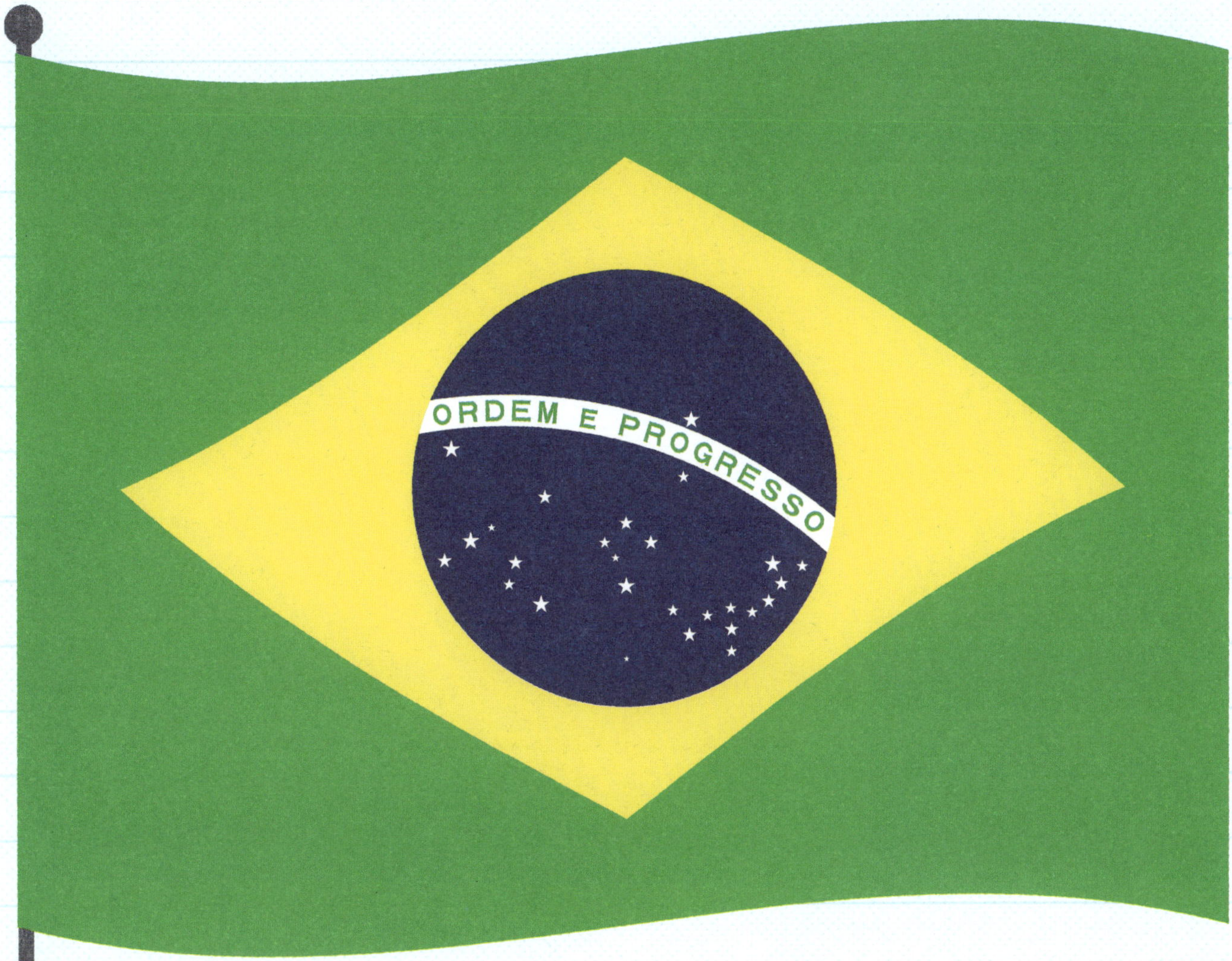
ORDEM E PROGRESSO

Brasil era una colonia de Portugal y su bandera imperial presentaba un escudo de armas sobre un rombo amarillo, colocado sobre un fondo verde. Estos colores estaban vinculados a las familias reales portuguesas.

Cuando el país logró la independencia en 1822, se conservaron las formas básicas de la bandera, pero el escudo de armas fue reemplazado por un disco que representaba las estrellas en el cielo nocturno en la víspera de la independencia.

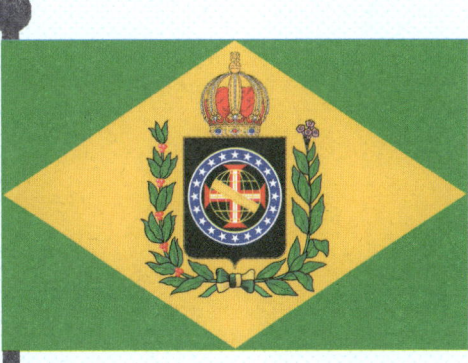

La bandera del Imperio de Brasil

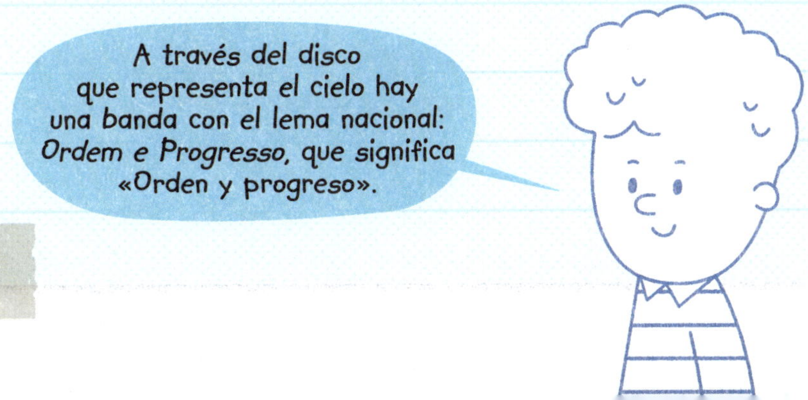
A través del disco que representa el cielo hay una banda con el lema nacional: *Ordem e Progresso*, que significa «Orden y progreso».

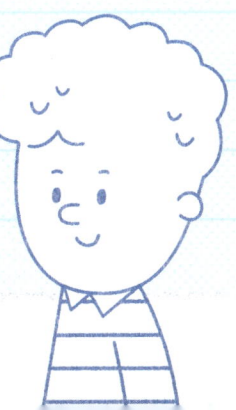

BANDERAS ROJAS, BLANCAS Y AZULES

LA BANDERA DE PANAMÁ

Muchos países de Centroamérica y América del Sur optaron por romper con el esquema de colores rojo, blanco y azul, tan común en Europa. Pero siempre existen excepciones a la regla.

Como Estados Unidos ayudó a Panamá a lograr su independencia, la bandera de Panamá tomó sus colores y estrellas de la bandera estadounidense. Está dividida en cuatro partes, con dos estrellas que representan a los dos principales partidos políticos en el gobierno.

LA BANDERA DE CHILE

Los mapuches, el grupo indígena más numeroso de Chile, ondearon por primera vez una bandera roja, blanca y azul en su levantamiento contra los españoles en el siglo XVI. La estrella representa a Venus, que tiene un significado religioso para los mapuches.

LA BANDERA DE PARAGUAY

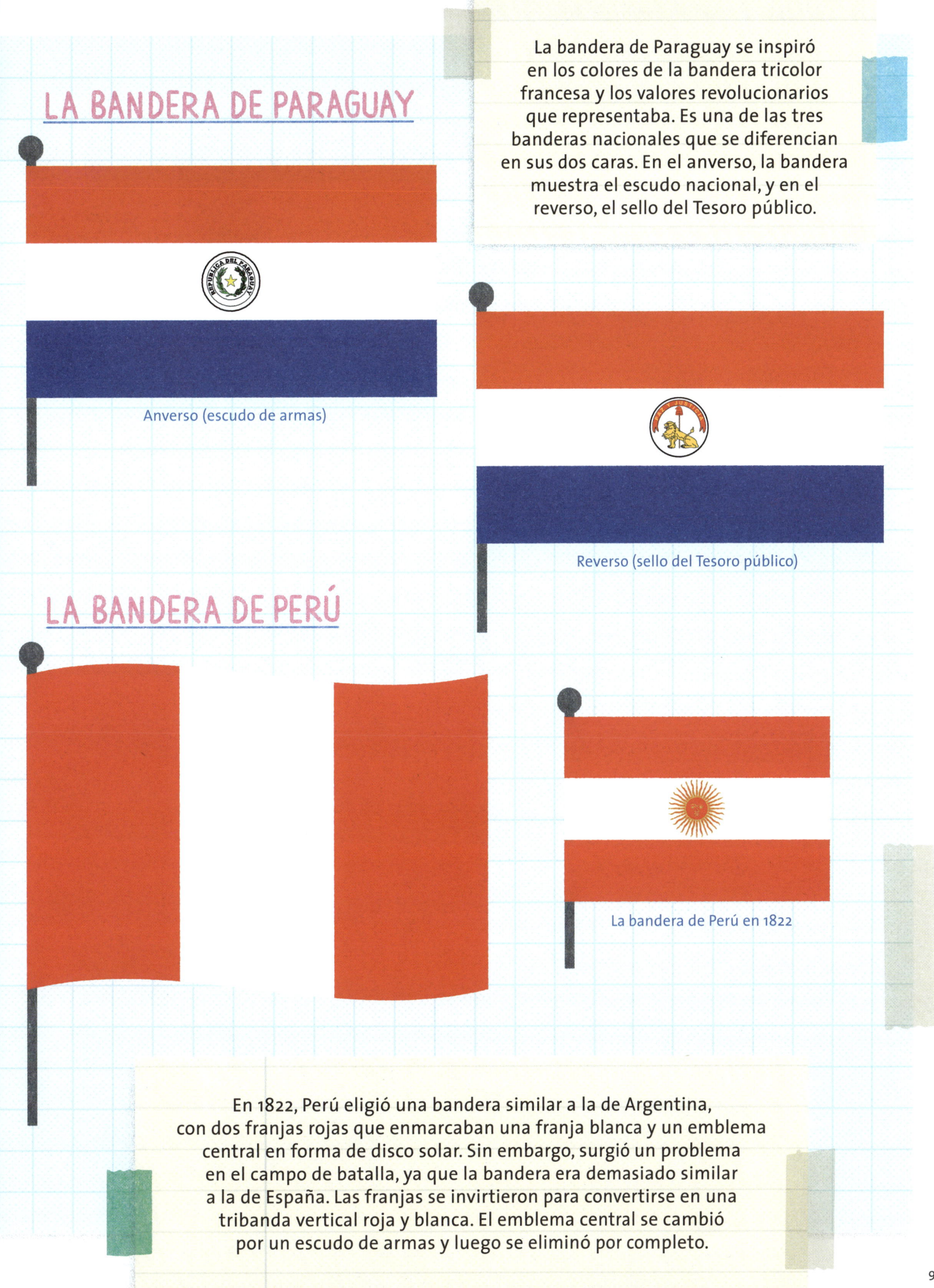

La bandera de Paraguay se inspiró en los colores de la bandera tricolor francesa y los valores revolucionarios que representaba. Es una de las tres banderas nacionales que se diferencian en sus dos caras. En el anverso, la bandera muestra el escudo nacional, y en el reverso, el sello del Tesoro público.

Anverso (escudo de armas)

Reverso (sello del Tesoro público)

LA BANDERA DE PERÚ

La bandera de Perú en 1822

En 1822, Perú eligió una bandera similar a la de Argentina, con dos franjas rojas que enmarcaban una franja blanca y un emblema central en forma de disco solar. Sin embargo, surgió un problema en el campo de batalla, ya que la bandera era demasiado similar a la de España. Las franjas se invirtieron para convertirse en una tribanda vertical roja y blanca. El emblema central se cambió por un escudo de armas y luego se eliminó por completo.

BANDERAS DE OCEANÍA

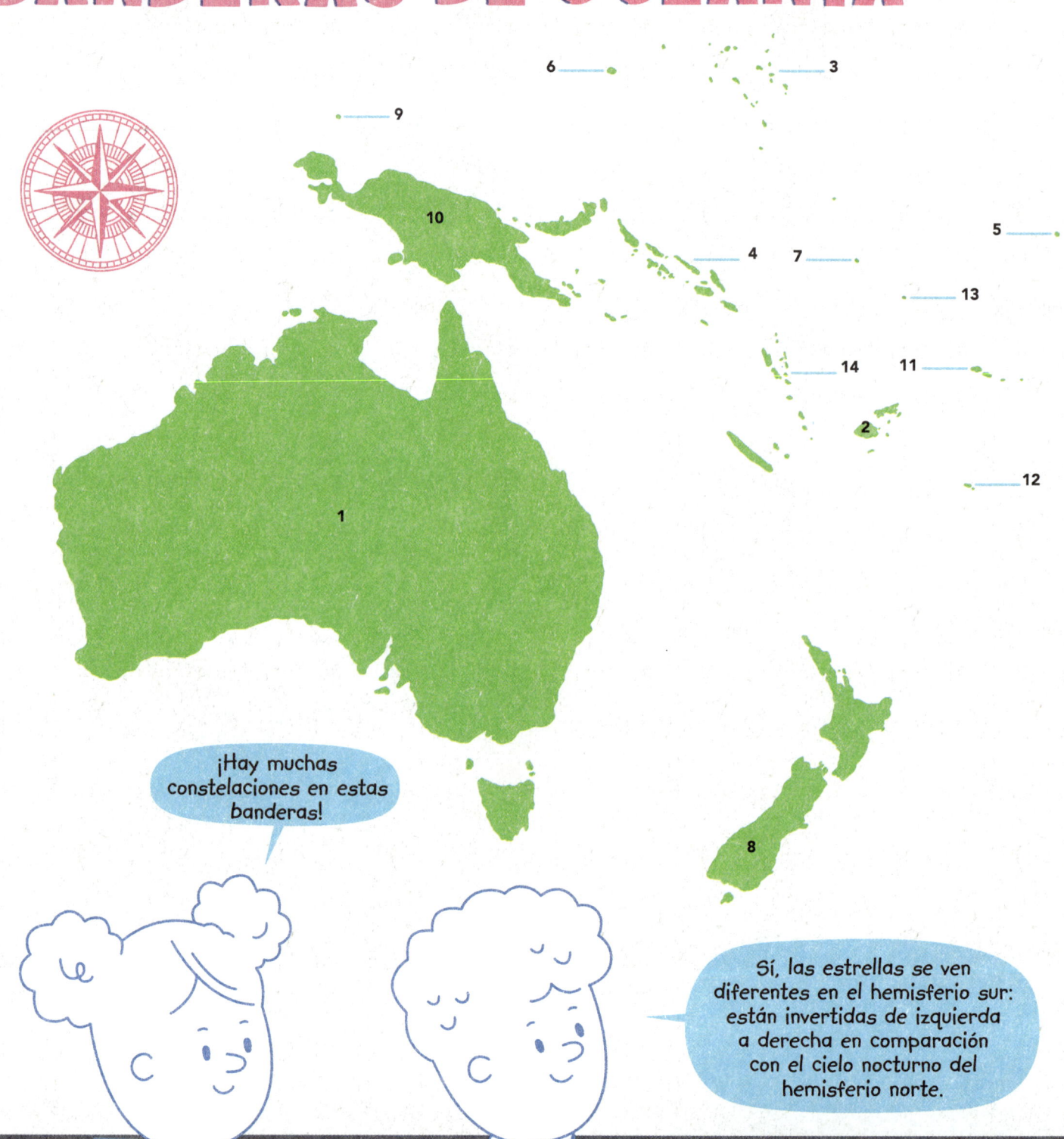

¡Hay muchas constelaciones en estas banderas!

Sí, las estrellas se ven diferentes en el hemisferio sur: están invertidas de izquierda a derecha en comparación con el cielo nocturno del hemisferio norte.

1. Australia

2. Fiyi

3. Islas Marshall

4. Islas Salomón

5. Kiribati

6. Micronesia

7. Nauru

8. Nueva Zelanda

9. Palaos

10. Papúa Nueva Guinea

11. Samoa

12. Tonga

13. Tuvalu

14. Vanuatu

BANDERAS DE ENSEÑA BRITÁNICA

La enseña británica es una bandera que ondea en un buque británico, ya sea militar o civil. Las enseñas presentan la Union Jack en el cantón sobre un fondo rojo, blanco o azul.

Hasta 1864, los tres colores estaban asignados a tres escuadrones diferentes de la Armada británica. El escuadrón rojo patrullaba el Caribe y el Atlántico Norte; el blanco patrullaba Gran Bretaña, Francia y el Mediterráneo, y el azul, los océanos Atlántico Sur, Pacífico e Índico.

La bandera de Bermudas

La bandera de Anguila

La bandera de Montserrat

LA BANDERA DE FIYI

En 1864, se reasignaron los colores. La Armada Real británica pasó a ondear la bandera blanca, la roja para los buques no gubernamentales y la azul para todos los buques que prestaban servicio a las colonias británicas. A medida que el Imperio británico se expandía, también lo hacía el uso de la enseña azul. Cada país recibió su propia versión de enseña.

Cuando el Imperio finalmente se desintegró, la mayoría de las naciones adoptaron una nueva bandera. Sin embargo, algunos países optaron por mantener su enseña.

LA BANDERA DE TUVALU

La mayoría de las banderas tienen un fondo azul. Bermudas conservó el fondo rojo anterior a 1864 de su escuadrón original.

Las estrellas en la bandera de Tuvalu constituyen un mapa de sus nueve islas.

LA BANDERA DE AUSTRALIA

La bandera de Australia se basa en la bandera de enseña azul. Bajo la Union Jack
se encuentra una gran estrella blanca de siete puntas. Esta es la estrella
de la Commonwealth, que representa a la Federación de Australia con sus seis estados
y territorios adicionales. Junto a ella se encuentra la Cruz del Sur,
una constelación visible solo en el hemisferio sur.

LA BANDERA DE NUEVA ZELANDA

La bandera de Nueva Zelanda se ha mantenido inalterada
desde la época colonial. Se convirtió en la bandera nacional en 1902.
Es muy similar a la bandera australiana, con la Cruz del Sur
en un color diferente.

La Cruz del Sur tiene importancia en la mitología maorí.
Se llama *Māhutonga*, y se dice que es un agujero en la Vía Láctea
por donde escapan los vientos de tormenta.

OTRAS BANDERAS INSPIRADAS EN ENSEÑAS

LA BANDERA DE TONGA

Los misioneros británicos convirtieron Tonga al cristianismo a mediados del siglo XIX y, en la actualidad, el 97% del país se considera cristiano. Se eligió una bandera con el formato de su enseña, pero con una cruz en el cantón para simbolizar la fe. El blanco representa la pureza y el rojo evoca la sangre de Cristo.

LA BANDERA DE SAMOA

Samoa fue administrada por Nueva Zelanda, y el diseño de su bandera refleja esta conexión. La Cruz del Sur figura en el cantón azul sobre un fondo rojo.

BANDERAS CON LA LUNA Y EL SOL

LA BANDERA DE KIRIBATI

La bandera de Kiribati tiene tres franjas blancas onduladas que representan sus tres archipiélagos. Las franjas azules representan el océano Pacífico. La fragata amarilla simboliza la libertad. El sol hace referencia a la posición de Kiribati en el ecuador.

LA BANDERA DE PALAOS

En la bandera de Palaos, el azul representa el océano que rodea la isla. El círculo descentrado representa la luna llena, que tiene un gran significado para los palauanos: actividades importantes como la siembra, la cosecha, el tallado de canoas y otras celebraciones se realizan en noches de luna llena, ya que los palauanos consideran que es un signo de buena suerte.

BANDERAS CON ESTRELLAS

LA BANDERA DE PAPÚA NUEVA GUINEA

La bandera de Papúa Nueva Guinea luce una Cruz del Sur en el asta. En el lado del blasón se encuentra la silueta de un ave del paraíso, el emblema nacional. Tiene los colores rojo, blanco y negro porque habían sido los colores del Imperio alemán, que colonizó Papúa Nueva Guinea hasta 1918.

LA BANDERA DE MICRONESIA

Micronesia estaba administrada por las Naciones Unidas.
El tono azul se basa en el de la bandera de la ONU.

LA BANDERA DE NAURU

Esta bandera representa la ubicación geográfica de Nauru con una estrella justo al sur del ecuador.

LA BANDERA DE LAS ISLAS MARSHALL

La bandera de las Islas Marshall también representa una posición geográfica. Las líneas representan el ecuador y la estrella indica la posición de las islas, justo al norte. Las franjas blancas y naranjas representan las dos cadenas de islas: la cadena Ratak y la cadena Ralik.

LA BANDERA DE LAS ISLAS SALOMÓN

Las estrellas de esta bandera simbolizan las provincias del país tal como eran en el momento de la independencia.

GLOSARIO

Asta	La mitad de la bandera más cercana al palo de la bandera, también llamado asta.
Bandera canadiense	Una bandera tribanda con una franja central de doble ancho. Esto ofrece más espacio para mostrar la imagen central.
Bandera compleja	La mayoría de las banderas tienen diseños sencillos que se reconocen a distancia. Sin embargo, algunos países tienen diseños complejos y detallados, que incluyen escudos de armas, mapas o elementos ilustrados, como, por ejemplo, el dragón de la bandera de Bután.
Bandera de la ONU	La bandera de la Organización de las Naciones Unidas (ONU) presenta un mapa del mundo con dos ramas de olivo blancas sobre un fondo celeste. Representa la neutralidad y la estabilidad, e inspiró las banderas de países como Eritrea, Chipre, Micronesia y Somalia.
Bandera militar	Una variante de la bandera nacional que las fuerzas militares de un país usan en tierra.
Bandera naval	Una variante de la bandera nacional que las fuerzas militares de un país utilizan en el mar.
Banderín	Bandera triangular. La bandera de Nepal está formada por dos banderines triangulares superpuestos.
Batiente	La mitad de la bandera más alejada del asta.
Cantón	El cuarto superior izquierdo de una bandera, junto al asta. En la bandera de EE. UU., las estrellas están en el cantón.
Campo	El fondo de una bandera; el color detrás de cualquier emblema colocado sobre el fondo.
Colonialismo	El colonialismo se da cuando una nación controla a otra, generalmente para explotar sus recursos. El colonialismo moderno comenzó durante la Era de los Descubrimientos en el siglo XV y continuó hasta principios del siglo XX. Durante este periodo, las naciones europeas, con sus armadas y armamento avanzados, lograron colonizar la mayor parte del mundo, desde Asia hasta África y América, imponiendo sus propios idiomas y normas a los pueblos indígenas. Cuando las naciones colonizadas finalmente obtuvieron su independencia, tuvieron que encontrar una nueva forma de identificarse, y el diseño de sus banderas formó parte de esa búsqueda.
Colores de Belgrano	La bandera de Argentina es una tribanda bicolor azul y blanca, diseñada por el líder revolucionario Manuel Belgrano. Esta bandera inspiró la bandera de la República Federal de Centroamérica. Tras la disolución de esta república, sus estados miembros, El Salvador, Honduras, Nicaragua, Guatemala y Costa Rica, conservaron los colores.
Colores de la Gran Colombia	La bandera original de Venezuela era una bandera tricolor roja, azul y amarilla diseñada por Francisco de Miranda. Los colores fueron posteriormente adoptados por una federación de estados llamada Gran Colombia, compuesta por Colombia, Venezuela, Ecuador y Panamá. Todos estos países, excepto Panamá, mantuvieron la combinación de colores tras la disolución de la Gran Colombia.
Colores de la liberación árabe	Tres de los colores panárabes: rojo, blanco y negro. Se usaron por primera vez en la Revolución egipcia de 1952 y posteriormente inspiraron las banderas de Irak, Sudán, Siria y Yemen.
Colores panafricanos	Existen dos conjuntos de colores panafricanos: uno es rojo, negro y verde, introducido por Marcus Garvey en 1914. Esta combinación aparece en las banderas de Malawi, Kenia y Libia. El segundo conjunto es verde, amarillo y rojo, inspirado en la bandera de Etiopía, el único país africano que resistió con éxito la colonización. Esta combinación aparece en las banderas de Benín, Ghana, Senegal y muchos otros.

Colores panárabes	Negro, blanco, verde y rojo: los colores panárabes se usaron por primera vez en la bandera del Hiyaz. Las banderas actuales de Jordania, Kuwait, Palestina y los Emiratos Árabes Unidos usan estos colores.
Colores paneslavos	Una bandera horizontal de tres bandas, roja, blanca y azul, inspirada primero en la bandera holandesa y, posteriormente, en la rusa.
Comunismo	Sistema político en el que el gobierno, y no los individuos, posee toda la propiedad, y la gente trabaja para crear riqueza compartida. La Revolución Rusa de 1917 llevó al poder al primer gobierno comunista, creando la Unión Soviética. La Unión Soviética se derrumbó en 1991, pero aún existen países comunistas o parcialmente comunistas, como China y Corea del Norte.
Cruz aspada	Cruz en forma de aspa, con barras diagonales de igual longitud. El término proviene del francés antiguo *sautour*, que se refiere a un tipo de puerta formada por dos travesaños.
Cruz del Sur	Una constelación solo visible en el hemisferio sur, centrada en cuatro estrellas brillantes en forma de cruz.
Cruz nórdica	También conocida como cruz escandinava, se trata de una cruz sobre un campo rectangular, cuyo centro está más cerca del asta. Dinamarca, Noruega, Islandia, Finlandia y Suecia tienen banderas con cruces nórdicas.
Escudo de armas	Un símbolo complejo que las familias nobles de la Edad Media usaban para representarse. Al entrar en batalla, los caballeros llevaban escudos de armas en sus escudos, razón por la cual tienen forma de escudo. A menudo hay animales a ambos lados del escudo de armas, sosteniéndolo. Sobre este suele haber una cimera y, a menudo, un lema en latín debajo. Los escudos de armas se usaban para establecer la identidad antes del uso de las banderas.
Familias de banderas	Conjuntos de banderas nacionales con diseños similares, a menudo basados en una historia o cultura compartida. Dos ejemplos: los colores de Belgrano de las de América del Sur o los colores panárabes en las de Oriente Próximo.
Filete	Borde estrecho en una bandera que separa dos colores. Por ejemplo, las líneas rojas entre las franjas de la bandera de Uzbekistán.
Heráldica	El estudio y diseño de escudos de armas, que precedió al estudio y diseño de banderas.
La enseña británica	Bandera que ondea en un barco británico para identificarlo como militar, civil o perteneciente a una colonia. Las enseñas británicas presentan la Union Jack en el cantón sobre un fondo rojo, blanco o azul. A partir de 1864, todas las colonias británicas recibieron una enseña azul. Algunas antiguas colonias conservaron estas banderas tras obtener la independencia.
Republicanismo	Sistema político en el que el jefe del Estado es un presidente o un primer ministro en vez de un rey.
Sol de Mayo	Símbolo de la Revolución de Mayo en Argentina que, posteriormente, condujo a la independencia del país del dominio español. El diseño del rostro del sol era originalmente un símbolo inca que representaba al dios del sol, Inti.
Tribanda	Diseño de bandera con tres franjas. Las franjas pueden ser horizontales o verticales y pueden ser de dos o tres colores (bicolor o tricolor). No es necesario que las franjas tengan el mismo ancho, como en la bandera de Colombia o la de Canadá. Los Países Bajos y Francia fueron los primeros países en tener una bandera tribanda, y esta suele asociarse con valores republicanos o revolucionarios.
Vexilología	Estudio de las banderas. Su nombre proviene de la palabra latina *Vexillum*.
Vexillum	Estandarte de la antigua Roma utilizado en batalla que se suspendía verticalmente de un travesaño horizontal.

ÍNDICE DE PAÍSES

Publicado por primera vez en 2024 por Cicada Books Limited.

Título original: *All about Flags*
Traducción del inglés: María Martín Schcolnik

Dirección editorial: Berta Márquez
Edición ejecutiva: Teresa Tellechea

Texto de Robin Jacobs
Ilustraciones y diseño de Ben Javens

© Cicada Books Limited, 2024
Publicado por primera vez en el Reino Unido con el título
All About Flags, de Robin Jacobs (texto) y Ben Javens (diseño e ilustración).
Todos los derechos reservados
Derechos negociados a través de Ute Körner Literary Agent
www.uklitag.com

© Ediciones SM, 2025
   Impresores, 2
   Parque Empresarial Prado del Espino
   28660 Boadilla del Monte (Madrid)
   www.grupo-sm.com

ISBN: 978-84-1055-232-6
Depósito legal: M-14633-2025
Impreso en España en papel con certificación FSC / *Printed in Spain on FSC paper*